DIE WAHRHEIT IST DER BESTE KRIMI

VER-MISST

DIE WAHRHEIT IST DER BESTE KRIMI

KLAUS PÜSCHEL/
BETTINA MITTELACHER

ELLERT & RICHTER VERLAG

Hamburger Abendblatt

Vermisst
Ein Mensch verschwindet, und es bleiben nur Fragen

Da ist ein Kerker, in dem ein Kind eingesperrt ist und verzweifelt weint und nach seinen Eltern ruft. Wir stellen uns einen Wald vor, in dem sich ein Mädchen verirrt hat und völlig erschöpft im Schatten eines Baumes zusammensackt. Oder es stürzt in ein Gewässer und verschwindet darin. Wir sorgen uns um unseren alten, dementen, kranken Verwandten, der vielleicht orientierungslos durch die Gegend irrt. Der nicht nach Hause findet, stürzt, bewusstlos wird und stirbt. Wir sehen vor unserem geistigen Auge einen Pistolenlauf, auf den der Bruder starrt und in Panik die tödliche Kugel erwartet. Wir malen uns einen fensterlosen Raum aus, in dem eine Frau als Geisel gefangen gehalten wird, ohne Essen und Trinken, angekettet.

Unsere Fantasie entwirft die schlimmsten Szenarien, wenn ein geliebter Mensch plötzlich aus seiner gewohnten Umgebung verschwindet. Wenn wir nicht wissen, was ihm widerfahren ist, ob und wie sehr er leidet. Wenn wir im Ungewissen bleiben, in angespannter, zermürbender Wartestellung, vielleicht über Wochen, Monate, Jahre. Für immer?

Vermisst ...

Opfer sind nicht nur die Eingeschlossenen, die Verschollenen oder die Menschen in den Gräbern. Opfer sind auch die anderen, die zurückbleiben und ihre Angehörigen oder Freunde vermissen. Die lange im Unklaren ausharren müssen und vielleicht niemals Gewissheit bekommen. Warten kann zermürben und zerstören. Warten zu müssen kann unerträglich werden, wie ein tiefer, alles verschlingender Abgrund. Wir denken an den letzten Blick, den wir mit diesem Menschen getauscht haben. Die letzten Worte. War der letzte Moment ein Streit? Wie war es genau, bevor plötzlich alles abriss?

Wie in einer Endlosschleife verfolgt uns dieser allerletzte Moment, da wir unseren geliebten Menschen gesehen haben. Haben wir alles richtig gemacht? Waren wir unfreundlich? Haben wir ihn womöglich vertrieben? Sind wir schuld daran, dass er nicht mehr da ist? Haben wir nicht genug aufgepasst?

Es sind diese Fragen, die uns quälen, wenn der Partner, der Angehörige plötzlich verschwunden ist und vermisst wird. Seit Tagen, Monaten oder auch Jahren. Manchmal ist es fast schon eine Ewigkeit her, gefühlt ein ganzes Menschenleben. Aber auch schon wenige Stunden können sich scheinbar unendlich strecken, wenn Angst uns die Kehle zuschnürt.

Vermisst – ein Thema mit vielen Facetten. Manchmal stellt sich alles als völlig banal heraus. Jemand hat vergessen, sich abzumelden, hat den Zug verpasst, hat eine Autopanne, hat vergessen zu telefonieren und taucht nach kurzer Zeit wohlbehalten wieder auf. Manchmal braucht man einfach etwas Geduld. Es gibt viele Erklärungen dafür, dass eine Person irgendwo irgendwie aufgehalten wird und die Zeit vergisst. Dass sie einfach nicht Bescheid sagt.

Manchmal sind die Umstände beunruhigend, mitunter tragisch. Die Person hat einen schweren Unfall gehabt und liegt bewusstlos im Krankenhaus. Sie hatte keine Papiere bei sich, man konnte sie nicht identifizieren.

In anderen Fällen gibt es eine komplizierte Vorgeschichte, einen komplexen Hintergrund. Die Pläne des anderen sind den Angehörigen aber nicht bewusst. Dabei kann es sich um ein absichtliches Wegbleiben handeln, um einen Rückzug aus der gewohnten Umgebung, eine Auszeit, um den Beginn eines „neuen Lebens" an einem anderen Ort, wobei alle Brücken kommentarlos abgebrochen wurden. Manchmal, findet man später heraus, hat dieser Mensch auch vorher schon ein Doppelleben geführt. Und jetzt lebt er an einem anderen Ort, in einer neuen Umgebung – glücklicher als zuvor? Auch diese Vorstellung zehrt an den Nerven.

Oder der Hintergrund einer Flucht ist kriminell, eine Person ist geflohen, etwa um sich der Strafverfolgung zu entziehen, eventuell auch um sich aus einer belastenden Umgebung mit Ärger, Stress, Schulden und Vorwürfen zurückzuziehen. Es kann sich um einen Versicherungsbetrug handeln, um eine Lebensversicherungssumme zu kassieren, wenn ein Mensch verschwindet und dann für tot erklärt wird.

Es kann aber ebenso eine dramatische Entführung gegeben haben, mit anschließender Erpressung und Lösegeldforderung. Oder es handelt sich um einen Mord, vielleicht auch um einen Mord ohne Leiche, damit es keine Spuren mehr gibt.

Ein weiteres Mal gilt die immer wieder zitierte Erfahrung der Rechtsmedizin: „Es gibt nichts, was es nicht gibt ..."

Weil das Phänomen so vielschichtig ist, wird es manchmal überbewertet. Oder umgekehrt werden bedrohliche Umstände und Signale überhaupt nicht wahrgenommen. Manchmal wird die Situation zu Unrecht extrem unterschätzt und zu wenig ernst genommen.

Für die Polizei ist es keine leichte Aufgabe, hier eine angemessen professionelle und im Hinblick auf die betroffenen Angehörigen emotional verständnisvolle Herangehensweise zu praktizieren. Manchmal wird jemand mit großem Aufwand fieberhaft gesucht, er hat sich aber nur gedankenlos nicht ordnungsgemäß verabschiedet und taucht völlig unbehelligt wieder auf. Auf der anderen Seite wartet die Polizei zuweilen sehr lange mit Suchmaßnahmen, wiegelt ab, tut zunächst nichts oder nur wenig, obwohl es um Leben und Tod geht oder ein Tötungsdelikt bereits vollendet ist.

Die Erfahrung mit zahlreichen zum Teil bizarren rechtsmedizinischen Fällen führt zu dem eindringlichen Rat, jede Vermisstensache standardisiert und hoch professionell anzugehen. Dies ist in den neuen Konzepten der Kriminalpolizei auch ausdrücklich so vorgesehen. Selbst wenn man weiß, dass mehr als neunzig Prozent der Vermisstensachen letztlich harmlos ablaufen, eine einfache Erklärung finden und ein glückliches Ende nehmen.

Zur Vorgehensweise bei Vermisstensachen hat die Kriminalpolizei speziell in neuerer Zeit Leitlinien und Standards entwickelt, die bei konsequenter Anwendung eine neue Dimension der Sachbearbeitung erwarten lassen. Der im Folgenden referierte Maßnahmenkatalog lehnt sich speziell auch an Aspekte an, die von der Hamburger Kriminalpolizei ausgearbeitet wurden. Die aufgeführten Maßnahmen sind nicht abschließend zu betrachten; ihre Reihenfolge ist dem gegebenen Sachverhalt anzupassen. Für unseren Zusammenhang werden hier nur besonders herausragende Aspekte dargestellt:

- Verifizierung der Personenbeschreibung (Narben, Tätowierung, Schmuck und so weiter; Biometrie)
- Vernehmung des Anzeigenden sowie von wichtigen Zeugen, zum Beispiel im Hinblick auf besondere Umstände wie finanzielle Situation, Krankheit, eventuell notwendige Medikamente, Drogenabhängigkeit, familiäre Ereignisse, um ein mögliches Motiv für das Verschwinden zu erkennen; bestehen spezielle Hinweise auf Eigen- oder Fremdgefährdung?
- Ermittlung des letzten Standorts der vermissten Person, insbesondere auch im Hinblick auf technische Daten (Handyortung, Telekommunikationsüberwachung, Verbindungsdaten, Funkzellendaten und Ähnliches)
- Aufsuchen der Wohnung der vermissten Person, hierbei Sicherstellung von Proben zur DNA-Unter-

suchung, Geruchsproben für den Einsatz von Spürhunden; Überprüfen bevorzugter Aufenthaltsorte, Garagen, Lauben, direktes Wohnumfeld

- Gegebenenfalls Öffentlichkeitsfahndung (Printmedien, Radio, Internet), insbesondere wenn Gefahr für Leib und Leben der vermissten Person zu begründen ist
- Überprüfung der finanziellen Situation; Kontoübersicht, Berücksichtigung von EC-Karten, Kreditkarten
- Je nach Ausgangssituation Einsatz eines Hubschraubers, von Tauchern, einer Hundertschaft zum Absuchen größerer, eventuell unübersichtlicher Areale
- Anfragen bei Krankenhäusern, Ärzten eventuell Hotels, Flugplätzen, Taxiunternehmen
- Durchsicht persönlicher Sachen: Aufzeichnungen, Computer, Telefon, PC; Auswertung des Routers
- Sicherung von Fingerabdrücken
- Recherchen in sozialen Netzwerken wie Facebook, Twitter, Instagram; gegebenenfalls Überprüfung von Dienstleistern wie Ebay, PayPal
- Möglicherweise Einschaltung weiterer Polizeidienststellen, der Staatsanwaltschaft und von Gerichten.

Endet die Suche nach einem vermissten Menschen damit, dass er nur noch tot aufgefunden werden kann, so ist die definitive Identifizierung durch Polizei oder Rechtsmedizin jedes Mal als ein absolut erschütternder Moment zu bezeichnen. In einem einzigen Augenblick überlagert sich die Erleichterung darüber, dass die Ungewissheit ein Ende hat, mit dem Schmerz, dass man jede Hoffnung aufgeben muss.

Man kann, was in diesem Augenblick geschieht, nur hilflos umschreiben. Immer wieder fallen Worte und Sätze wie „lähmendes Entsetzen“, „das Schlimmste, was Eltern passieren kann“, „der Schmerz hört nie auf“. Solche Äußerungen lassen den Abgrund an Gefühlen erahnen.

Jeder Betroffene verarbeitet die Situation anders: die Mutter, der Vater, der Ehepartner, die Geschwister, die Familie, die Freunde, das soziale Umfeld. Gleiches gilt für die ermittelnden Polizeibeamten, die Rechtsmediziner, die Journalisten, die über solche Fälle berichten, und für alle auf andere Weise Involvierten.

Für die Polizei bedeutet das Verschwinden eines Menschen Dauerstress. Vieles muss jetzt ganz schnell und gleichzeitig organisiert werden, Spurensuche, Ermittlungen, Suchtrupps, Spürhunde. Am Anfang scheint es ein Wettlauf mit der Zeit zu sein. Später fragt man sich, ob die Zeit Abstand schafft?

Nicht selten werden die betroffenen Angehörigen selbst psychisch krank. Das ist immer wieder zu beobachten. Nahe Angehörige, die in psychiatrischen Kliniken behandelt werden müssen. Die Tochter, die mehr als 3000 Gedichte über ihre verschwundene Mutter schreibt. Angehörige, die sich auf lange Reisen begeben, eventuell auch in andere Länder, wenn sie meinen, es gebe eine neue Spur ...

Besonders schlimm: Gar nicht so selten gibt es auch Trittbrettfahrer, die merkwürdige Tipps geben, falsche

Versprechungen machen, sich Fantasiegeschichten ausdenken. Auf krankhafte Weise suchen sie die Nähe zum Leid der Angehörigen und unternehmen einiges, um es zu vergrößern.

Eine andere zweifelhafte Personengruppe sind Menschen, die Geld verdienen wollen, indem sie das Leid der anderen ausnutzen: Detektive, Hellseher, Wahrsager, zwielichtige Gestalten, falsche Freunde.

Es kursieren Zahlen, die aufrütteln. Laut Bundeskriminalamt wurden im Jahr 2019 bundesweit 15 395 Kinder als vermisst registriert. 98 Prozent der Fälle konnten geklärt werden. Allein in einer Stadt wie Hamburg werden jährlich etwa 5500 Vermisstenvorgänge bearbeitet, darunter 70 Prozent Jugendliche, 10 Prozent Kinder und 20 Prozent Erwachsene. Meist brechen Jugendliche aus, um vor familiären Problemen zu fliehen. Sie wollen damit ein Zeichen setzen, ein Warnsignal. Manchmal steckt eine Gewalterfahrung außerhalb der Familie dahinter. Auch gibt es einen relativ hohen Anteil mehrfach vermisster Minderjähriger, sogenannte „Streuner".

Die absolute Zahl spurlos verschwundener Kinder seit 1951 erscheint hoch: 1869 Kinder wurden vermisst gemeldet und sind nie wieder gefunden worden.

Andere Alters- und Gesundheitskonstellationen erfordern eine ähnlich dringliche Aufarbeitung. So gibt es zum Beispiel immer wieder Alte und Kranke, Desorientierte, Demente, die den Weg nach Hause nicht mehr finden und dadurch möglicherweise in Gefahr geraten.

Wir möchten an dieser Stelle in aller Kürze einige Fälle skizzieren, die das breite Spektrum der Vermisstensachen aus Sicht der kriminalistischen und rechtsmedizinischen Praxis deutlich machen.

Ein junger Mann aus Schottland will zusammen mit seinem Bruder dessen Abschied vom Junggesellendasein feiern. Man unternimmt eine Kneipentour in Hamburg, auf der der Mann plötzlich spurlos verschwindet. Mit großem Einsatz wird nach ihm gesucht, mehrfach kommt auch der Bruder erneut nach Hamburg. Die gesamte Familie und die Freunde versuchen, den Verschwundenen zu finden. Erst nach Wochen wird er entdeckt – als Wasserleiche. Es stellt sich heraus: Auf dem Rückweg von der Kneipe ins Hotel war der junge Mann in die Elbe gestürzt und ertrunken.

Besonders dramatisch ist der Fall der verschwundenen Hilal, bis heute. Die Zehnjährige wird am 27. Januar 1999 in Hamburg zuletzt gesehen, als sie sich wegen eines guten Schulzeugnisses Süßigkeiten kaufen darf. Die Polizei leitet bereits wenige Stunden nach dem mysteriösen Verschwinden eine Suche ein. Immer wieder gehen Hinweise ein, unter anderem nachdem die ZDF-Sendung „Aktenzeichen XY ... ungelöst" über den Fall berichtet hat. Zuletzt suchen Beamte der Ermittlungsgruppe „Cold Cases" nach Spuren in der Vermisstensache, die bis heute ungeklärt ist.

Im Fall einer Familientragödie aus Wedel bei Hamburg hat die Polizei mehrere Tage nach der Mutter zweier kleiner Kinder gesucht. Der zwei Jahre alte Junge und seine fünfjährige Schwester sind zuvor von den Großeltern tot in ihrem Zuhause aufgefunden worden. Jemand hat sie ertränkt. Kurze Zeit später wird bekannt, dass der Vater sich von einem siebenstöckigen Haus gestürzt hat. Es stellt sich heraus, dass er der Mörder seiner Kinder ist. Drei Tote in einer Familie – ein furchtbares Drama. Aber was ist mit der Mutter der ermordeten Geschwister? Man hofft, dass zumindest die gebürtige Bolivianerin überlebt hat, dass sie einfach verreist ist. Aber würde sie dann über Tage ihr Mobiltelefon ausschalten? Der Verdacht, der mit jedem Tag ohne Lebenszeichen immer wahrscheinlicher wird: Auch die 37-Jährige ist tot. Drei Tage später wird der Leichnam der Vermissten nur wenige Meter vom Haus der Familie entfernt gefunden. Leichenspürhunde haben die Ermittler zu einem schmalen, zugewucherten Streifen neben dem Grundstück der Familie geführt, wo der übel zugerichtete Körper verscharrt war.

Persönlich besonders belastend waren die Versäumnisse von Rechtsmedizin und Polizei im Fall eines jungen Mannes, der nach einem St. Pauli-Besuch nicht mehr nach Hause kam. Die Mutter hat mehr als sieben Jahre nach ihrem Sohn gesucht, überall in Deutschland. Sie hat jede einzelne in den Medien gemeldete Vermisstensache und das Auffinden eines unbekannten Leichnams irgendwo in Deutschland gezielt überprüft, in banger Sorge, ob es sich um ihren Sohn handeln könnte.

Das schwer Bedrückende aus Sicht von Rechtsmedizin und Polizei, ein kaum verzeihlicher Fehler: Bereits sechs Wochen nach dem Verschwinden des jungen Mannes war ein fortgeschritten fäulnisveränderter Leichnam im Institut zu untersuchen. Beim Messen der Körperlänge wurde ein Übertragungsfehler gemacht, sodass die Polizei von einer falschen Körpergröße ausging und einen Zusammenhang mit dem Vermissten zunächst ausschloss. Erst Jahre später wird durch spezielle DNA-Untersuchungen und einen Abgleich in der Kartei des Bundeskriminalamts die wahre Identität des unbekannten Leichnams festgestellt. Man hätte der Mutter Jahre vergeblichen Suchens und Wartens ersparen können.

Alles in allem ist in einem Land wie Deutschland die Erfolgsquote bei der Identifizierung unbekannter Toter in der Rechtsmedizin allerdings vergleichsweise hoch; sie liegt bei über 95 Prozent. Es verbleiben letztlich nur einzelne nicht identifizierbare Leichen, die dann als „unbekannt" erdbestattet werden.

Erwähnt sei der Reemtsma-Entführer Wolfgang Koszics, der am äußersten westlichen Ende von Europa, in Portugal, starb. Er hat sehr wahrscheinlich selber seinem Leben ein Ende gesetzt, indem er in suizidaler Absicht von einer hohen Klippe sprang. Sein Ziel war es eigentlich, vollständig zu verschwinden, er erwartete, dass der Leichnam auf den Atlantik hinausgetrieben werde. Durch besondere Strömungsverhältnisse landete der Körper allerdings in einer nahe gelegenen Meeresbucht. Immerhin dauerte es fast ein Jahr, bis die Identität des Leichnams festgestellt war.

Ähnliche Fälle gibt es immer wieder. Im Zusammenhang mit einem Suizid suchen die betreffenden Personen mitunter sehr einsame Plätze auf. Möglicherweise springen sie auch von einem Kreuzfahrtschiff in den unendlichen Ozean. Ihr Ziel ist ein Szenarium, bei dem der Leichnam vollständig von dieser Welt verschwindet.

Auch bei spektakulären Kriminalfällen ist nicht selten eine Vermisstensache inkludiert. Beispielsweise waren die vier Opfer des St. Pauli-Mörders Fritz Honka sämtlich ältere Prostituierte, die so isoliert und einsam lebten, dass sie von niemandem vermisst wurden. Ganz anders verhielt es sich bei den beiden Frauen, die der Hamburger Säuremörder getötet und in Fässern vergraben hatte. Jahrelang hatten die Fälle bei der Polizei als nicht weiter relevante Vermisstensache gegolten, weil man die Frauen im Ausland vermutete. Auch die vom sogenannten Maskenmann aus Schullandheimen entführten Kinder wurden zunächst wochenlang vermisst, weil der Mann die Körper der von ihm getöteten Jungen versteckt beziehungsweise vergraben hatte.

Speziell im Zusammenhang mit politisch motivierten Tötungen fehlt manchmal das „Beweismittel Leiche". Erinnert sei an den Journalisten Jamal Khashoggi aus Saudi-Arabien, dessen Leichnam niemals gefunden wurde. Dennoch wurden mehrere Männer als Mörder verurteilt. Im afrikanischen Benin war im Zusammenhang mit Wahlen ein Oppositionspolitiker wochenlang verschwunden, bevor man seinen Leichnam fand, vergraben hinter der Hütte eines Voodoo-Zauberers.

Entführungen sowie das Verschwindenlassen von Personen nach ihrer Ermordung kennt man insbesondere aus dem Bereich der organisierten Kriminalität. Kriminellen Organisationen wie der Mafia werden spezielle Kenntnisse und Verfahren zugerechnet, mit denen man Tote verschwinden lassen kann. Solche

Fälle von „Mord ohne Leiche“ führen häufig dazu, dass die Täter nicht zu überführen sind.

In Zusammenhang mit kriegerischen Handlungen kommt es in einem großen Ausmaß zu Tötungen, Verschollenheit und Vermisstensachen. Erinnert sei zum Beispiel an die vielen Tausend Toten aus Srebrenica in Bosnien-Herzegowina, deren Körper und Überreste man immer noch sucht, um sie den Angehörigen zurückzugeben. Erinnert sei auch an die vielen Toten und Massengräber vergangener Kriege sowie aktueller kriegerischer Auseinandersetzungen, etwa in Syrien. In Ruanda wurden während des Genozids an den Tutsi eine Million Menschen innerhalb von hundert Tagen getötet. Hamburger Rechtsmediziner haben sich an der Ausgestaltung einer Gedenkstätte in Murambi am Rande des Regenwaldes beteiligt. Dabei ging es ausdrücklich nicht um die Identifikation einzelner Toter, sondern um das Wachhalten der Erinnerung an den Genozid.

Diese traurige und zugleich tröstende Wahrheit betrifft Menschen auf der ganzen Welt: Auch wenn ein geliebter Mensch vermisst bleibt – in unseren Erinnerungen ist er immer bei uns.

Versenkt in einem Grab aus Stein

Es ist tiefe Nacht, als sich eine Gestalt aus dem Dunkel des Hauseingangs schleicht. Der Mann ist schwarz gekleidet, nur seine Silhouette ist gegen den sternenlosen Himmel auszumachen. Er läuft geduckt zu einem Nebengebäude, dabei wuchtet er eine Schubkarre vor sich her. Das Rad quietscht unter dem schweren Gewicht eines massigen Körpers, der hastig und nachlässig in der Karre verstaut worden ist. Zwei Beine eines Menschen hängen schlaff über den hinteren Rand des Gefährts. Und vorne, wo der Kopf zu liegen gekommen ist, tropft unablässig Blut als schmale Spur in den lehmigen Boden des Hofes. Die finstere Gestalt setzt einen Spaten an, um ein Grab zu schaufeln – ein Grab, das niemals jemand finden soll.

Das Böse hat in ein kleines, verschlafenes Dorf Einzug gehalten.

Das Abgründige hat sich an einem Ort eingenistet, in dem bis dahin die ländliche Harmonie herrschte, die Stille. Es ist eine Gegend in Schleswig-Holstein, wo der Blick meilenweit schweifen kann, wo Tiere auf satten

Weiden grasen, eine Region, in die Menschen ziehen, die Ruhe suchen. Es ist auch ein Ort, wo ein Lindenblatt ins Wappen aufgenommen wurde, als Symbol für einen Baum, dem von alters her die Kraft zugesprochen wird, das Schicksal „gelinde" zu stimmen, also milde. Es hat nicht gefruchtet.

Denn hier, in diesem 300-Seelen-Ort in Dithmarschen, hat sich ein Verbrechen abgespielt, das in seiner Brutalität und seiner Abgebrühtheit schockiert. Es ist ein Fall, der schließlich als „Stückel-Mord" durch die Medien geht. Lange Zeit ist die Tat unentdeckt geblieben. Es hat keine Leiche gegeben, noch nicht einmal einen ernsthaften Verdacht. Bis ein Schüler eines Tages plötzlich mitten im Unterricht aufsteht und wortlos das Klassenzimmer verlässt. Er hat es eilig. Zu lange schon hat sein Gewissen den 17-Jährigen wie eine schwere Last bedrückt. Jetzt geht er zur Polizei. Er hat sich entschlossen, das Unfassbare zu melden.

Knapp zwei Jahre zuvor, im April 2017, macht man sich im Ort noch nicht viele Gedanken, als ein einundvierzig Jahre alter Mann spurlos verschwindet. Es handelt sich um einen Fenster- und Treppenverkäufer, der seit einigen Jahren zusammen mit seiner Lebensgefährtin und den beiden gemeinsamen Töchtern auf einem Hof in dem kleinen Ort im Kreis Steinburg lebt. Die vier halten Pferde, Schafe, Hühner und Gänse, es sieht nach dem harmonischen Landleben einer glücklichen Familie aus.

Als die Frau ihren langjährigen Bekannten Yasar S. als neuen Mitarbeiter ein Zimmer auf dem Hof beziehen lässt, ist es jedoch mit der Harmonie vorbei. Die Chefin und der 46-Jährige kennen sich von früher aus dem Hamburger Rotlichtmilieu, wo sie als Prostituierte gearbeitet hat und er als Aufpasser. Offenbar schweißt die gemeinsame Vergangenheit die beiden mehr zusammen, als es dem Familienleben guttut. Der neue Mitbewohner wird nun zum Störfaktor auf dem Hof; es kommt zu Spannungen zwischen ihm und dem Gutsbesitzer. Wenn der eine der Lebensgefährte der Hausherrin ist, der andere aber nun ihr Liebhaber wird, kann das nicht gutgehen.

Und dann verliert sich Ende April 2017 von dem Familienvater jede Spur. Seine Partnerin Jessica M. bleibt gegenüber ihrem Umfeld bemerkenswert gefasst. Sie erzählt einer Nachbarin, dass ihr Mann, der gebürtige Pole Miroslav P., wohl abgehauen sei, vermutlich in sein Heimatland. Sie habe das Haus verlassen vorgefunden, als sie von einem Ausflug nach Hause gekommen sei. Alle Türen hätten offen gestanden. Etwa eine Woche später meldet die 37-Jährige ihren Lebensgefährten offiziell als vermisst.

Ahnt sie, dass es vermutlich keine aufwendigen, intensiven Suchmaßnahmen geben wird?

Wenn ein Kind oder Jugendlicher vermisst wird, wird bei der Polizei sehr zügig eine Suchaktion in die Wege geleitet, oft mit mehreren Hundertschaften. Je nach Situation werden auch Hunde, Hubschrauber und Wärmebildkameras eingesetzt. Alles wird getan, um das Kind, das vermutlich in Gefahr schwebt, möglichst schnell zu finden. Jede Stunde zählt, vielleicht sogar jede Minute.

Anders ist es bei Menschen im Erwachsenenalter. Hier wird von der Polizei nicht sofort eine Ablaufkette in Gang gesetzt mit dem Ziel, den Verschollenen zu finden. Es ist die Entscheidung eines Erwachsenen, ob er oder sie vielleicht eine Auszeit braucht, für eine Stunde – oder für ein neues Leben. In Deutschland ist es das Recht eines jeden Erwachsenen, seinen Aufenthaltsort frei zu wählen. Er braucht diesen Ort auch nicht seinen Angehörigen oder Freunden mitzuteilen. Eine Ausnahme gilt nur dann, wenn die Person nicht im Vollbesitz ihrer geistigen oder körperlichen Kräfte ist. Oder wenn es den Verdacht gibt, derjenige könnte in Lebensgefahr sein, sei es durch einen geplanten Suizid oder weil er beispielsweise Opfer eines Unfalls geworden sein könnte.

Oder einer Straftat.

Einen solchen Hinweis, dass Miroslav P. womöglich Opfer eines Verbrechens geworden ist, bekommt die Polizei lange Zeit nicht. Denn die, die etwas darüber wissen könnten, schweigen. Einzig der vierzehn Jahre alten Tochter des vermissten Mannes gelingt es nicht, vollkommen dicht zu halten. Die Schülerin schreibt zur Zeit des Verschwindens ihres Vaters eine verklausulierte Chat-Nachricht an ihren Freund. Sie gibt ihm dabei zu verstehen, er solle jeweils nur das erste Wort in jedem Satz lesen.

Die Wörter ergeben eine verstörende Nachricht: „Heute bringen wir meinen Vater um."

Ihr Freund hält das zunächst für einen schlechten Scherz. Wahrscheinlich will er einfach glauben, dass nichts wirklich Schlimmes geschehen sei. Weitere Erzählungen seiner Freundin über einen angeblichen Mord und eine Leiche auf dem Reiterhof behält er ebenfalls zunächst für sich. Er hat Sorge, dass er und seine Familie in Gefahr geraten könnten, wenn er seine Vermutungen der Polizei offenbaren würde.

Doch schließlich, fast zwei Jahre später, erdrückt ihn die Last der dunklen Ahnung, dass ein Mensch gewaltsam zu Tode gekommen ist. Sie wiegt so schwer, dass es den Jugendlichen im Schulunterricht nicht mehr auf seinem Stuhl hält, sondern zur Polizei nach Itzehoe treibt. Der Jugendliche wirkt auf die Ermittler aufgewühlt und ängstlich. Er schildert den Beamten, seine Ex-Freundin habe ihm seinerzeit erzählt, dass ihr Vater von dem neuen Liebhaber ihrer Mutter in eine Falle gelockt und getötet wurde. Der Leichnam sei in der Reithalle des Hofes zu finden. Dort soll der Körper mit Chemikalien überschüttet und verscharrt worden sein.

Im Zusammenhang mit der Aussage des Schülers gewinnt bei weiteren Ermittlungen die Beobachtung eines Mitarbeiters in einem Landhandel besondere Bedeutung. Ihm ist es merkwürdig vorgekommen, dass ein Kunde mehrere Säcke Branntkalk gekauft hat, insgesamt sind das 150 Kilo. Für eine Firma wäre das keine ungewöhnlich hohe Menge, für eine Privatperson schon. Branntkalk wird in der Bauindustrie als Beimischung zu Mörtel und Putzen verwendet. Früher nutzte man ihn zur Desinfektion von Begräbnisstätten. Und: Er hat eine geruchsbindende Wirkung.

Wofür also wurde dieser Branntkalk genutzt? Der Mann, der den erstaunlichen Kauf getätigt hat, ist Yasar S., der neue Bewohner auf dem Reiterhof – jener Mann, der vom Mitarbeiter zum engen Vertrauten der Hausherrin avanciert ist.

Die Angaben der Zeugen sorgen dafür, dass die Ermittler Yasar S. intensiver ins Visier nehmen. Am 5. März 2019 rückt die Polizei schließlich mit großer Besetzung in dem Dithmarscher Ort an. Etwa hundert Beamte sind auf dem Reiterhof im Einsatz, um dem Verdacht eines Mordes durch den 46-Jährigen auf den Grund zu gehen. Die Hamburger Rechtsmedizin unterstützt die Hausdurchsuchung vor Ort, weil die Ermittler davon ausgehen, dass wohl ein Leichnam gefunden wird. Die Ausgrabung des Körpers soll von einer Anthropologin professionell begleitet werden.

Die Polizei durchkämmt den gesamten Hof und setzt dabei unter anderem Metallsuchgeräte und speziell ausgebildete Hunde ein. Schließlich wenden sich die Ermittler gezielt einem Komplex zu, bei dem ein Leichenspürhund anschlägt und den der 17-jährige Zeuge bereits in seiner Aussage genannt hat: die Reithalle. Die Ermittler räumen das Gebäude frei, der Boden wird abgezogen und sauber gefegt. Nachdem die Staubschicht beseitigt ist, fällt etwa in der Mitte ein rechteckiger Abschnitt auf, wo der Boden festgestampft wurde. Der Bereich misst zirka zwei mal einen Meter und setzt sich farblich deutlich von der Umgebung ab.

Ein verborgenes Grab?

Zentimeter für Zentimeter wird der Boden, in dem sich große Mengen Branntkalk befinden, abgetragen. In rund 50 Zentimeter Tiefe stoßen die Ermittler auf eine körperähnliche Struktur, die entfernt an einen menschlichen Rumpf erinnert, ohne Kopf, Arme und Beine.

Dieses Gebilde, das von Tampen umschnürt ist, wird immer weiter freigelegt und dann aus der Grube herausgehoben. Die Anthropologin erkennt sofort knöcherne Strukturen, vor allem Wirbel und Gelenke, die am oberen und unteren Ende des Bündels abgrenzbar sind. Dieser Befund deutet stark darauf hin, dass es sich um einen menschlichen Torso handelt. Das Gebilde wird unverzüglich nach Hamburg ins Institut für Rechtsmedizin geschafft.

Die gerichtliche Sektion bestätigt die vorläufige Einschätzung unmittelbar nach der Bergung: Es handelt sich um einen menschlichen Rumpf mit abgetrenntem Kopf, ohne Arme und Beine. Reste eines männlichen Geschlechtsteils sind noch abzugrenzen, der Penis selber fehlt; er ist abgeschnitten worden. Der Torso weist vergleichsweise zarte Schlagadern und knorpelige Rippenansätze am Brustbein auf. Anhand dieser Befunde wird das Alter des Mannes auf ungefähr dreißig bis vierzig Jahre geschätzt, was in etwa zu dem vermissten Miroslav P. passt.

Die Leichenliegezeit wird auf ein bis zwei Jahre taxiert, genauer ist das nicht einzugrenzen. Auch diese Daten würden zu dem Verdacht passen, dass es sich um den verschollenen Familienvater handelt.

Nun geht die Polizei einem weiteren Hinweis nach. Es heißt, der mutmaßliche Täter habe den Toten zunächst zwar als Ganzes in der Reithalle vergraben, ihn dann aber nach mehreren Monaten wieder freigelegt und Kopf, Gliedmaßen und Geschlechtsteil abgetrennt. Für Polizei und Rechtsmedizin stellt sich nun die Frage: Wo sind die noch fehlenden Körperteile?

Auf dem Hof ist alles gründlich abgesucht. Also könnten die Leichenteile ebenfalls eingegraben worden sein – oder in einem Gewässer versenkt. Infrage kommt beispielsweise ein Entwässerungsgraben, der hinter dem Reiterhof entlang verläuft. In Dithmarschen bezeichnet man solche Gräben als Wettern. Polizeitaucher werden eingesetzt. Sie entdecken in dem trüben Wasser der Wettern zunächst fünf Maurer-Kübel aus Plastik mit abgehärtetem Mörtel. Jeweils vier Mann sind vonnöten, um die mehr als hundert Kilogramm schweren Blöcke zu bergen.

So massiv der Mörtel auch ist: Die Röntgenstrahlen einer speziellen mobilen Anlage des Hamburger Zolls durchdringen auch die härteste Masse und verraten Verborgenes: Es sind tatsächlich darin einbetonierte Leichenteile zu erkennen.

Die Einsatzkräfte beschließen nach Rücksprache mit der Rechtsmedizin, die Betonblöcke mit schwerem Gerät aufzubrechen. Arme und Beine kommen in mehreren Teilstücken zum Vorschein, aber noch fehlt ein Oberschenkel. Vom Kopf gibt es ebenfalls keine Spur. Ihn zu finden, ist besonders wichtig. Oft lässt sich bei einer rechtsmedizinischen Untersuchung gerade hier die Todesursache feststellen.

Erneut steigen die Polizeitaucher in den Entwässerungsgraben und finden dort die sechste und letzte mit Mörtel ausgefüllte Wanne. Der Inhalt wird durchleuchtet, die Bilder werden dem Leiter der Hamburger Rechtsmedizin gemailt. Er erkennt eindeutig die Strukturen eines menschlichen Oberschenkels sowie eines Kopfes. Und im Schädel stecken zwei metalldichte

Fremdkörper, sehr wahrscheinlich sind es Projektile. Diese Erkenntnisse reichen für Haftbefehle gegen den verdächtigen 46-Jährigen sowie gegen die frühere Lebensgefährtin des Opfers.

Auch diesen letzten Betonblock pickert die Polizei nun auf und sichert die restlichen Leichenteile. Alle Partien des Körpers, die jetzt gefunden sind, werden in die Hamburger Rechtsmedizin gebracht und hier einer Sektion unterzogen. Die forensischen Experten stellen fest, dass kein Körperteil mehr fehlt. Alle Abtrennungsstellen lassen sich passgenau zusammenfügen, wie bei einem Puzzle.

Die Untersuchung ergibt, dass einzelne Gliedmaßen mit unterschiedlichen Werkzeugen abgetrennt wurden. Der Täter hat Messer, Beil und Säge für sein mörderisches Handwerk verwendet. Das Geschlechtsteil ist separat glatt abgetrennt worden. Das führt zu der Frage, ob sich daraus ein Hinweis auf die Motivlage ablesen lässt. Doch eine sexuelle Motivation wird später vom mutmaßlichen Täter bestritten. Er behauptet, der Penis sei zufällig isoliert und nebenbei abgeschnitten worden.

Schon während der Obduktion ergeben sich eindeutige Hinweise, dass es sich bei dem Leichnam tatsächlich um den als vermisst gemeldeten 41-Jährigen vom Reiterhof handelt. Den Ausschlag geben sehr spezielle Tätowierungen, die an dem Körper gefunden werden, unter anderem ein Clownsgesicht. Außerdem stimmt der Zahnstatus mit den Daten überein, die von Miroslav P.s Gebiss vorliegen. Ferner kann durch die Sektionstechnik und durch Bildgebungsmaßnahmen mittels Computertomografie an den einzelnen Leichenteilen klar nachgewiesen werden, in welcher Weise die Leiche zerstückelt wurde.

Als Todesursache stellen die Rechtsmediziner zwei Kopfschüsse fest; einer davon traf das Opfer in den Hinterkopf, der andere rechts am Scheitel. Die deformierten Projektile stecken noch im Schädelinneren. Auch die Reihenfolge der Schüsse – zuerst der in den Hinterkopf – können die Experten eindeutig festlegen. Dabei hilft die sogenannte Puppe'sche Regel: Der Schädel wird durch die Deformationswirkung des ersten Projektils sternförmig aufgesprengt. Der zweite Schuss ruft weitere Schädelbruchlinien hervor, die an den zuvor entstandenen Bruchlinien enden.

Solche Erkenntnisse sind wichtig für die Rekonstruktion der Tat. Hier ist davon auszugehen, dass das Opfer aufrecht saß oder stand, als die erste Kugel aus nahezu horizontaler Position von hinten auf den Mann abgefeuert wurde. Das würde für ein heimtückisch begangenes Verbrechen sprechen: Mord. Beim zweiten Schuss, der den 41-Jährigen in die hintere Scheitelregion traf, war er bereits halb zu Boden gesunken. Das Sektionsergebnis belegt, dass jeder der beiden Schüsse für sich genommen tödlich war.

Ein Kapitalverbrechen also, für das die Täter zur Rechenschaft gezogen werden müssen. Wie hätte sich der Fall aber wohl entwickelt, wenn die Tochter des Opfers sich nicht ihrem Freund offenbart hätte? Wenn dieser nicht später zur Polizei gegangen wäre? Nur routinemäßig durchgeführte, relativ oberflächliche Ermittlungen der Polizei hätten keinen Fingerzeig für einen Mord gegeben. Die Legende, dass der Mann einfach vermisst und spurlos verschwunden sei, wahrscheinlich zurück in sein Heimatland, hätte wohl funktioniert. Die Wahrheit wäre geschickt vertuscht worden.

So aber, mit den Indizien aus dem Bekenntnis der Tochter, der Aussage ihres Freundes sowie aus den weiteren Ermittlungen kann im August 2019 vor dem Landgericht Itzehoe der Mordprozess gegen das verdächtige Paar beginnen. Die Staatsanwaltschaft wirft Yasar S. und seiner Freundin Jessica M. vor, den früheren Lebensgefährten der Frau heimtückisch getötet zu haben. Laut Anklage lockte die 37-Jährige ihren damaligen Partner in ein Kinderzimmer des Reiterhofs. Dort soll Yasar S. das Opfer aus einem Hinterhalt heraus niedergeschossen haben. Um das Verbrechen zu verschleiern, haben die Täter den Toten zerstückelt und die Leichenteile einbetoniert, heißt es in den Vorwürfen weiter.

Der Angeklagte Yasar S. ist ein Mann, der sich sein ganzes Erwachsenenleben über mit Gelegenheitsjobs durchgeschlagen hat. Er ist vorbestraft, unter anderem wegen Drogendelikten und gefährlicher Körperverletzung. Neben dem eher fülligen Mann auf der Anklagebank wirkt seine mutmaßliche Komplizin zierlich. Das Haar trägt die Frau schulterlang, ihr Gesicht ist blass. Ebenso wie der männliche Angeklagte schweigt sie zum Prozessauftakt zu den Vorwürfen. Wie mag die 37-Jährige sich fühlen gegenüber ihren beiden Töchtern, die auch die Kinder des Opfers sind? Beide, die mittlerweile 16-Jährige und ihre acht Jahre alte Schwester, sind Nebenklägerinnen in dem Verfahren.

Am zweiten Verhandlungstag sagt jener Schüler als Zeuge aus, dessen Gang zur Polizei zum Initialzünder für die Ermittlungen geworden war. Der Zeuge, so heißt es, habe so lange geschwiegen, um sich und seine Familie nicht zu gefährden – und um seine damalige Freundin nicht zu belasten. Denn auch sie scheint in das Verbrechen verwickelt zu sein. Der junge Mann wird unter Ausschluss der Öffentlichkeit gehört. Doch so viel wird hinterher von seiner Aussage berichtet: Seine frühere Freundin habe ihm von dem Verbrechen erzählt. Sie habe geschildert, dass sie zusammen mit der Mutter den Vater in den Raum gelockt habe, wo er dann von Yasar S. erschossen wurde.

Auch weitere Zeugen belasten die beiden Angeklagten zum Teil erheblich. Vor allem für Yasar S. wird es im Laufe der Beweisaufnahme eng. Da ist beispielsweise ein Mann, der mit dem 46-Jährigen gemeinsam in Untersuchungshaft saß und der jetzt als Zeuge schildert, der Angeklagte habe ihm gegenüber den Mord an seinem Nebenbuhler gestanden. Demnach hat Yasar S. zwei Mal aus nächster Nähe auf Miroslav P. geschossen und ihn so getötet. Er habe den Lebensgefährten der 37-Jährigen umgebracht, weil der gewalttätig gegenüber der Frau gewesen sei. Jessica M. habe sich vorher nicht von dem Vater ihrer Töchter trennen wollen. Weder die Mitangeklagte noch die Tochter hätten etwas mit dem Verbrechen zu tun, soll Yasar S. beteuert haben.

Die Leiche habe er vergraben, dann schließlich wieder ausgebuddelt, zerteilt und „stückweise" einbetoniert. Zu diesem Schritt habe Yasar S. sich entschlossen, weil der Verwesungsgeruch aus der ersten, vorläufigen Grube zu penetrant gewesen sei.

Vielleicht ist es diese belastende Aussage, die den Angeklagten Yasar S. zum Ende des Prozesses im Januar 2020 dazu bringt, nach langem Schweigen doch noch selber das Wort zu ergreifen. Es ist der 19. Verhandlungstag, als er die tödlichen Schüsse auf seinen Nebenbuhler vor Gericht einräumt. Es sei aber kein Mord gewesen, insistiert der Angeklagte. Er will es eher als Notwehrhandlung verstanden wissen. Demnach habe er gemeinsam mit Miroslav P. Drogen konsumiert – es wäre eine seltene und erstaunliche Eintracht der beiden Kontrahenten gewesen. Plötzlich habe die Tochter des Hausherrn sie bei ihrem illegalen Tun überrascht, erzählt der Angeklagte weiter. Nun sei ihr Vater durchgedreht. Miroslav P. soll erst die Tochter, dann auch Yasar S. körperlich angegriffen und zudem eine Pistole gezogen haben. Daraufhin, so der Angeklagte, habe er den 41-Jährigen erschossen.

Mit einer Schubkarre habe er den Toten noch in derselben Nacht in die Reithalle geschafft und den Leichnam zunächst nur notdürftig vergraben. Später habe er den Körper wieder ausgebuddelt, weil „ein unangenehmer Geruch“ aufgestiegen sei. Dass er beim anschließenden Zerteilen des Toten auch dessen Geschlechtsteil abtrennte, sei „versehentlich“ passiert. Seine Freundin, beteuert der frühere Bordellaufpasser, sei insgesamt an der Tat nicht beteiligt. Sie soll noch nicht einmal auf dem Gelände gewesen sein, als der Vater ihrer Kinder starb.

Überzeugend wirkt diese Version jedenfalls nicht auf die Staatsanwaltschaft. Sie beantragt lebenslange

Freiheitsstrafen wegen Mordes – für beide Angeklagten. Für Yasar S. solle das Gericht darüber hinaus die besondere Schwere der Schuld feststellen, fordert der Ankläger. Das würde eine vorzeitige Entlassung nach fünfzehn Jahren, die bei einem Urteil „lebenslänglich" unter günstigen Umständen möglich wäre, praktisch ausschließen. Die Verteidigung von Yasar S. plädiert dagegen auf Totschlag für ihren Mandanten, auch weil der mittlerweile 47-Jährige zur Tatzeit unter Drogeneinfluss gestanden habe und deshalb vermindert schuldfähig gewesen sei. Die Anwältin der Frau fordert für ihre Mandantin Freispruch. Eine Mitschuld an der Tötung ihres Lebensgefährten sei der Angeklagten nicht nachzuweisen, argumentiert die Verteidigerin.

Das Gericht verurteilt schließlich beide, Yasar S. und seine Freundin Jessica M., wegen Mordes. Das bedeutet lebenslange Haft. Insbesondere für die zweifache Mutter mag die Entscheidung überraschend gewesen sein. Knapp zwei Monate zuvor war noch der Haftbefehl gegen sie aufgehoben und die Frau aus dem Untersuchungsgefängnis entlassen worden. Jetzt muss sie wieder hinter Gitter. Vor allem aber hat sich durch die Beweisaufnahme die Situation für die ältere Tochter des Opfers erheblich geändert: Nachdem sie über weite Teile der Hauptverhandlung als Nebenklägerin im Prozess gesessen hat, gilt die 16-Jährige mittlerweile als dringend verdächtig, an dem mörderischen Komplott beteiligt gewesen zu sein. Sie muss sich in einem gesonderten Verfahren vor dem Jugendgericht verantworten.

Im Urteil gegen Yasar S. und seine Geliebte sieht das Gericht es als erwiesen an, dass die Angeklagten den

Mord an dem Lebensgefährten von Jessica M. gemeinsam geplant haben. Ein entscheidendes Detail der Beweisführung sei der Jugendliche gewesen, der sich der Polizei offenbart und den Fall damit erst ins Rollen gebracht hatte, erklärt die Vorsitzende. Sie lobt die Zivilcourage des Schülers.

Nach Überzeugung der Kammer wurde dem Opfer Miroslav P. die neue Liebesbeziehung seiner Lebensgefährtin zum Verhängnis. Aus der Beweisaufnahme mit allen Zeugenaussagen, mit der Auswertung von Handy-Daten sowie weiterer Indizien fügt sich für das Gericht folgendes Bild zusammen: Die Hausherrin auf dem Resthof ist schon länger mit ihrem Lebensgefährten Miroslav P. unzufrieden gewesen, weil dieser Drogen konsumiert hat und immer mal wieder für Tage ins Hamburger Milieu abgetaucht ist. Außerdem ist der 41-Jährige offenbar zweimal gegenüber seiner Freundin handgreiflich geworden, wobei sie leichte Verletzungen erlitten hat. Darüber hinaus hat es bei dem Paar wiederholt Streit gegeben, wie sich beide ihr zukünftiges Leben vorstellen. Die Mutter geht vollkommen im Landleben auf und will unbedingt in ihrem dörflichen Zuhause bleiben. Miroslav P. dagegen, der den Erwerb des Hofes im Wesentlichen finanziert hatte, hat gedroht, das Anwesen wieder verkaufen zu wollen.

Wegen dieser massiven Differenzen ist die 37-Jährige empfänglich für den Vorschlag ihres Liebhabers Yasar S., ihren lästig gewordenen Lebensgefährten gemeinsam in eine Falle zu locken und zu töten. Ihre ältere Tochter lässt sich offenbar in den Plan einspannen, weil die Jugendliche die Mutter vor etwaigen weiteren

Übergriffen durch den Vater schützen wolle, heißt es. Und Yasar S. wiederum ist erpicht darauf, seine Stellung auf dem Hof auszubauen – zum neuen Hausherrn und als offizieller Lebenspartner der Chefin. Deshalb will er Miroslav P. aus dem Weg räumen, endgültig.

Der Familienvater ist vollkommen ahnungslos, als er am Nachmittag des 21. April 2017 in das Kinderzimmer seiner Tochter gerufen wird. Er vermutet nicht, dass jemand in der engen Nische neben dem Schrank versteckt auf ihn wartet, eine Waffe im Anschlag. Der erste Schuss, von hinten in den Kopf, trifft das Opfer gänzlich unvorbereitet. Die zweite Kugel wird unmittelbar danach abgefeuert. Beide Schüsse verursachen tödliche Verletzungen. Noch in der Nacht wird der Leichnam in die Reithalle geschafft und dort vergraben. Damit der Körper möglichst schnell verwest, wird er mit Chemikalien behandelt. Es ist jener Branntkalk, von dem Yasar S. so große Mengen besorgt hatte.

Nachdem die Leiche nun unter der Erde ist, scheint für Yasar S. ein Leben als Gutsbesitzer deutlich näher gerückt zu sein. An seine Mutter schickt er Videos, in denen er mit „unser Hof" und „unsere Tiere" prahlt. Im Ort allerdings wollen Jessica M. und ihr Mitbewohner ihre Liaison weiterhin geheim halten. Er nennt sie Bekannten gegenüber „Chefin", sie spricht von ihrem „Untermieter". Vor allem die Frau scheint noch lange nach dem „Verschwinden" des Vaters ihrer Töchter abgeneigt, das Verhältnis publik zu machen. Zwar sei die 37-Jährige ihres Lebensgefährten „überdrüssig" gewesen, so das Gericht. Sie habe ihn loswerden wollen. Allerdings habe sie in ihrem neuen Liebhaber Yasar S.

lediglich „eher eine körperliche Affäre“ gesehen. Ihr neuer Partner habe indes die Rolle des Lebensgefährten übernehmen wollen. „Er wollte quasi in die Existenz des Opfers schlüpfen“, sagt die Richterin.

Vermisst, verschwunden – und irgendwann auch vergessen? Die Rechnung von Yasar S., die Existenz eines lästig gewordenen Menschen auszulöschen, ist nicht aufgegangen. Es braucht mehr als ein paar Chemikalien, ein relativ cleveres Versteck für die Leiche und eine zu allem bereite Komplizin, um mit einem Mord durchzukommen. Das ist eine der Wahrheiten, die dieses Verbrechen zeigt.

Eine andere ist: Dunkle Geheimnisse gibt es auch in einer scheinbaren Idylle. Das Böse – es kann überall lauern.

Leichenteile im Beton

Bei der Suche nach einer vermissten Person beziehungsweise nach Leichenteilen kommt es gelegentlich vor, dass Wände, zugemauerte Bereiche, ein Fundament oder Zementblöcke untersucht werden müssen. Sofern es sich um räumlich begrenzte Strukturen handelt, steht hierfür eine besondere Technik zur Verfügung.

Bei dem ScanVan 8585 handelt es sich um ein mobiles Röntgenprüfsystem auf einem selbst angetriebenen Fahrzeug mit spezieller Innenausstattung. Darin integriert befindet sich das Röntgenprüfsystem HI-SCAN 8585. Ein leistungsstarker Förderer mit Motorantrieb auf der Eingangsseite und ein hochbelastbares Rollenband auf der Ausgangsseite gewährleisten, dass sich die zu prüfenden Objekte schnell und einfach be- und entladen lassen. Mit dem System können Gegenstände mit einer Maximalgröße von 850 x 850 Millimeter und einem Gesamtgewicht von 250 Kilogramm durchleuchtet werden. Das Röntgengerät arbeitet mit 160 Kilowatt. Der Röntgenstrahl ist in der Lage, bis zu 31 Millimeter Stahl zu durchdringen. Derartige Geräte werden beispielsweise für Security Screenings im Arbeitsbereich von Polizei und Zoll verwendet.

Das Gerät misst die Dichte der Objekte, wobei keine Stofferkennung stattfindet. Je nach Dichte werden die Objekte in unterschiedlichen Farben dargestellt, die Rückschlüsse auf das Material zulassen (organische Objekte = orange; anorganische Objekte, zum Beispiel Metalle = blau; Kunststoffe, Knochen, Elfenbein, Glas, Keramik, Lacke, Salze – wie zum Beispiel Pyrotechnik – oder Heroin = grün). Je größer die Dichte eines Objekts, desto intensiver und dunkler die Farbe.

In dem Fall Yasar S. konnten in allen Zementblöcken mittels des Systems röntgendichte Strukturen identifiziert werden. Im zuletzt geborgenen Block ließ sich die Struktur eines menschlichen Schädels erkennen.

Auch dem Hamburger Hauptzollamt steht ein ScanVan 8585 zur Verfügung. Das Fahrzeug wurde in diesem Fall erstmals an einem Fundort außerhalb des Zollgebiets eingesetzt. Das Verfahren hat sich als außerordentlich wertvoll erwiesen, es kommt bei ähnlichen Fragestellungen immer wieder zum Einsatz. Man kann mit dieser Technik eine Reihe von Objekten gut durchleuchten, etwa Fässer, Kisten, Koffer und Ähnliches.

Jahrzehnte auf der Suche

„Mama, ich fahre noch auf einen Sprung weg.“ So ein Satz, fröhlich von der Haustür aus gerufen, kann eine wunderbare Leichtigkeit haben. Die Worte klingen nach Freude, nach Unbeschwertheit. Doch sie können etwas Dunkles bekommen, etwas Zermürbendes, Zerstörerisches – wenn es die letzten Worte sind, die eine Mutter von ihrem Kind hört. Wenn es danach nie wieder ein Lebenszeichen gibt.

Weit mehr als vier Jahrzehnte liegt es nun zurück, dass Inge B. die Stimme ihrer damals 16-jährigen Tochter Anja vernahm. Seit damals sucht die verzweifelte Frau nach ihrer verschollenen Tochter. Es ist ihr Lebensinhalt geworden, bis heute.

Es ist die Nacht vom 7. auf den 8. Oktober 1977, als Anja B. verschwindet, spurlos. Seitdem ist für ihre Familie nichts mehr, wie es war, alles ist überschattet von dem Verlust. Und was fast noch schwerer wiegt, ist die Ungewissheit, was mit der Tochter geschah. Ob sie verschleppt und unter Drogen gesetzt wurde, ob sie irgendwo im Ausland unter Zwang festgehalten wurde?

Ob jemand sie getötet und ihren Leichnam irgendwo vergraben oder versenkt hat? Nur eins ist für Inge B. vollkommen sicher: Einfach so wäre ihre Tochter nicht abgehauen und verschwunden. Niemals, das glaubt die Mutter ganz fest, hätte Anja das ihrer Familie angetan.

Wer erleben muss, wie ein geliebter Mensch plötzlich aus seinem Leben gerissen wird, mit ungeklärtem Schicksal, kommt nie mehr wirklich zur Ruhe. Es gibt nichts, womit man sich abfinden und abschließen kann. Wie ein dunkler, alles verschlingender Strudel bleibt die Frage: Was ist passiert, musste die vermisste Tochter, der Bruder, der Ehemann leiden? Es gibt kein Grab, an dem man trauern kann. Und es gibt keinen Abschluss, nie.

Das Verschwinden der 16-jährigen Anja B. ist ein trauriger und dramatischer Schicksalsschlag, der ihre Familie erschüttert. Man kann den Fall als Auftakt zu einer Verbrechensserie werten, die später als „Disco-Morde" bezeichnet werden wird. Denn Anjas Spur verliert sich, nachdem die Realschülerin, die in einem kleinen Ort bei Cuxhaven lebt, eine Diskothek in der Nähe besuchte. Neun Monate, nachdem die Schülerin zuletzt gesehen wurde, verschwindet eine 18-Jährige, ebenfalls nach einem Discobesuch. Ein Dreivierteljahr später ist eine weitere 18-Jährige unauffindbar, wieder nachdem sie sich in einer Diskothek aufgehalten hat. Es folgen weitere ungeklärte Fälle, alle im Großraum Cuxhaven und Bremen. Erst zehn Jahre später, 1987, reißt die Serie, falls es sich um eine handelt, ab. Das Schicksal der jungen Frauen wird nie geklärt, ein Täter nie gefunden.

Es ist eine dieser Verbrechensserien, die neben den betroffenen Familien auch die Polizei nicht zur Ruhe kommen lassen. Es gibt Ermittler, die sich vor mehr als vierzig Jahren unendlich viele Stunden in den Fall verbissen haben und denen die Geschichte der verschwundenen jungen Frauen nie aus dem Sinn gegangen ist, bis weit über ihre Pensionierung hinaus, bis heute. Und da sind die Polizisten, die jetzt dran sind an dem Fall, die dafür sorgen wollen, dass dieser Cold Case abgeschlossen wird – damit es Gewissheit gibt für die Hinterbliebenen. Vielleicht wird sogar noch ein Täter ermittelt, der dann verurteilt wird. Denn Mord verjährt nie.

Anja B.s Mutter Inge ist heute Anfang achtzig, ein gesegnetes Alter, könnte man meinen. Und wer die Frau in ihrem Zuhause am Rand des kleinen Ortes bei Cuxhaven besucht, erlebt einen Menschen, der so viel jünger wirkt, als es der Personalausweis dokumentiert: aufrechte Haltung, kaum Falten, lebhafte Augen. Das adrette Haus und den üppig bepflanzten Garten versorgt sie noch fast vollständig allein. Ihre Stimme ist fest, die Worte sind klar. Doch wer ihr zuhört, spürt sofort, dass Inge B. auch in ihrem neunten Lebensjahrzehnt nicht zur Ruhe gekommen ist. „Es vergeht kein Tag, an dem ich nicht an Anja denke“, erzählt Inge B. „Einen Abschluss kann ich nie finden. Jeden Abend gehe ich mit dem Gedanken an meine verschwundene Tochter ins Bett.“

Vor einigen Jahren hat sie aufgeschrieben, wie sie die Zeit erlebt hat, nachdem Anja spurlos verschwunden ist. Es ist ein eindringliches Dokument der Erinnerung, in dem aus jeder Zeile Sorge spricht und Kummer.

Auf der Titelseite prangt ein Foto von Anja, einer hübschen jungen Frau mit graublauen Augen, die dunklen Haare zum Mittelscheitel frisiert, mit silberner Kette um den Hals und braver weißer Bluse. Den Blick hat Anja auf dem Foto am Betrachter vorbei gerichtet, vielleicht schweift er in die Ferne. Das Bild ist eingerahmt von der Überschrift, die Inge B. ihren Erinnerungen gegeben hat: „Letzte Hoffnung einer verzweifelten Mutter". Hoffnung – ein Fünkchen davon ist also doch noch da.

Als Inge B. am Morgen des 8. Oktober 1977 feststellt, dass ihre Tochter von ihrem abendlichen Ausflug noch nicht nach Hause zurückgekehrt ist, bekommt sie es mit der Angst zu tun. Anja ist zuverlässig und noch nie weggeblieben, ohne ihre Eltern wissen zu lassen, wo sie sich aufhält. Die Mutter erinnert sich, dass ihre Tochter am Abend zuvor mit einem Schulkameraden verabredet war. Sie will den jungen Mann zur Rede stellen, doch er schweigt ihr gegenüber. Nachdem die Mutter bei der Polizei eine Vermisstenmeldung erstattet hat und Anjas Begleiter von den Beamten befragt wird, erzählt er, er und Anja seien gemeinsam zu einer Diskothek mit Namen „Moustache" gefahren. Dort hätten sie sich aber nach einer Weile aus den Augen verloren.

Inge B. begibt sich selber auf die Suche. Sie ist eine Frau, die mit ihrer Familie auf einem landwirtschaftlichen Hof am Rande eines Dorfes lebt, mit Nutzvieh und viel Land um sich herum. Der Besuch in der städtischen Diskothek, wo sie nachfragt, muss ihr wie eine Reise in eine andere Welt und eine andere Zeit vorkommen. Die Disco ist ein rauchgeschwängerter, spärlich beleuchteter Schuppen, in dem junge Leute zur Musik von Pink Floyd und den Rolling Stones tanzen. Inge B. hört, so erzählt sie es Jahrzehnte später, dass hier viele Drogensüchtige verkehren sollen. Keiner der anderen Besucher oder vom Personal kann oder will der Mutter auf ihre Nachfragen hin helfen.

Die 37-Jährige sucht mehrere Lokale im Umkreis auf, bekommt einen vagen Hinweis, es in den größeren Nachbarstädten zu versuchen, da gibt es ein paar Kommunen. Inge B. erweitert ihren Radius noch einmal, sie begibt sich in Häuser und Wohnungen mit Bewohnern, die ihr zwielichtig vorkommen. Und hier soll ihre Tochter sein? Die Mutter mag es nicht glauben. Niemand dort ähnelt ihrer Anja.

Die ganze Zeit über, sagt sie später, hätten sie die Gedanken beschäftigt, wo ihre Tochter ist. Ob man sie quält, ob sie Schmerzen hat?

Die Mutter ruht und rastet nicht. Inge B. lässt nun Handzettel drucken und verteilen; sie zeigen die Überschrift: „Wo ist dieses Mädchen?“, darunter das Foto ihrer Tochter. Anjas Konterfei ist jetzt an nahezu jeder Ecke in der Gegend zu sehen. Aber kein Hinweis führt zu einer heißen Spur. Inge B. reist in Norddeutschland herum, immer auf der Suche. Ihr Auto ist längst für längere Touren und etwaige Übernachtungen ausgerüstet. Eine Thermoskanne mit Kaffee, jede Menge Landkarten und Stadtpläne sowie eine Reisetasche mit Waschzeug und Wechselwäsche hat sie stets dabei. Auch Anjas zwei Jahre ältere Schwester beteiligt sich immer wieder an der Suche. Der Vater ist völlig auf dem landwirtschaftlichen Familienbetrieb eingespannt und kann nicht mitkommen, obwohl er es gerne täte. Und der jüngere Bruder muss weiter zu Schule gehen. Es ist Inge B., die nahezu pausenlos Freunde und Bekannte ihrer Tochter abklappert, die alle möglichen Anlaufstellen ausfindig macht. Ihre Gedanken kreisen fast ausschließlich darum, Anja zu finden.

Wegen der Suchmeldungen gehen Hinweise bei der Polizei ein, auch über Radio lässt Inge B. nach ihrer Tochter fahnden. Angebliche Zeugen melden sich, die Anja auf einem Schiff nach Hamburg gesehen haben wollen. Andere behaupten, dass sie in Düsseldorf in einem Krankenhaus liegt, dass sie sie in der Bahn, im Bus oder irgendwo in einem Hafen gesehen haben. Es gehen Hinweise ein, Anja sei in der Türkei oder zumindest „bei Türken". Und immer wieder wird Hamburg als ihr vermeintlicher Aufenthaltsort genannt. Also fährt Inge B. in die Hansestadt, um dort selbst ihre Handzettel auf unterschiedlichen Polizeiwachen zu verteilen.

Wer sucht, wie Inge B. es tut, fühlt sich oft allein und allein gelassen. Wohin sich wenden? Wo als Nächstes hinfahren? Wen kontaktieren? Die Möglichkeiten scheinen endlos und sind doch begrenzt. Bei aller Liebe kann eine Mutter nicht überall hin, wo die Tochter angeblich gesehen wurde, und am besten sofort.

Es melden sich nun Menschen bei der Familie, die ihre Dienste anbieten, doch sie tun dies nicht aus purer Hilfsbereitschaft, sondern in Erwartung eines Honorars. Es sind vereinzelt Detekteien, es sind aber auch Menschen, die als Hellseher und Wahrsager ihr Geld verdienen. Für Inge B. erscheint die Aussicht, über eine

Glaskugel ihre Tochter zu finden, nicht gerade erfolgversprechend. Die Mutter denkt praktisch. Wie kann sie erreichen, dass ihr eine möglichst effiziente, großflächige Verbreitung ihrer Handzettel gelingt? Sie kommt auf die Idee, den Deutschen Raststätten-Verband zu kontaktieren in der Hoffnung, dass an allen deutschen Autobahnraststätten die Suchmeldung ausgehängt werden darf. Dort ist man offen für ihre Nöte und kommt ihrer Bitte nach.

„Der Gedanke, wo ist mein Kind, wie kann ich es finden, bewegte mein Leben. Und er tut es bis heute“, erzählt Inge B. Zuletzt hat sie über mehrere Jahre ihren schwerkranken Mann gepflegt, bis er verstarb. Sie wohnt noch immer auf dem Hof, auf dem damals ihre Tochter ihr Kinderzimmer hatte. Längst aber gibt es hier keine Landwirtschaft mehr, sondern viele der Zimmer und Wohnungen werden an Gäste vermietet. In der Diele von Inge B.s Reich hängt ein großer Rahmen mit Familienfotos, auch von Anja sind welche dabei. „Meine Tochter verloren zu haben und nicht zu wissen, was ihr widerfahren ist, tut immer noch weh“, sagt sie. „Es lässt mich nicht los.“

„Damals, in den Monaten nach Anjas Verschwinden, wurde mir immer wieder bewusst: Wenn ich mein Kind wiederhaben will, dann muss ich mich selbst darum kümmern, sie zu finden.“ Jeder neue Kontakt, den Inge B. in diesen Herbstmonaten 1977 bekommt, nährt die Hoffnung der verzweifelten Mutter. Und genauso oft erlebt sie Enttäuschungen, weil wieder mal ein vermeintlicher Tipp sich als falsche Spur erweist. Und es mehren sich Anrufe, so erinnert sie sich, in denen Unbekannte sich nach Lösegeld erkundigen, während sie von einer Geiselhaft der Tochter schwadronieren. Menschen melden sich, die behaupten, einen Fundort des Leichnams nennen zu wollen. Andere erzählen von finsteren Bordellen im In- und Ausland, in die Anja angeblich verschleppt wurde und wo sie unter Drogen gesetzt wird. Immer öfter wird die Mutter von Albträumen heimgesucht, in denen ihre Tochter ängstlich nach ihr ruft.

Dann kommt das erste Weihnachtsfest ohne Anja, das die Familie als besonders schlimme Prüfung empfindet. Keiner hat Präsente besorgt. Alle hoffen nur auf dieses eine, dieses wichtigste Geschenk: dass sie ihre Tochter, ihre Schwester wieder zurückbekommen und in die Arme nehmen können. Und zugleich werden sie von entsetzlichen Gedanken heimgesucht, welche Qualen Anja vielleicht gerade in diesem Moment durchleiden muss.

In der Folgezeit verfolgt die Mutter aufmerksam die Presseberichterstattung. Jede Meldung über ein Drama oder über einen Leichenfund bringt Inge B. in Aufruhr. Ihr ist klar, dass sie auch diese Möglichkeit in Betracht ziehen muss: Ist die gerade entdeckte Tote ihre Tochter? Einmal ist es ein zerstückelter Leichnam, ein anderes Mal ein einzelner Fuß, die gefunden werden. Die Mutter kann ein Zittern und ihre Ängste erst wieder bändigen, wenn sie von der Polizei die Bestätigung bekommt, dass die Tote nicht ihre Anja ist. Immer wieder beobachten Ermittler solche und ähnliche Reaktionen bei Betroffenen: Angehörige verfolgen über Jahre und Jahrzehnte Pressemeldungen über unbekannte Tote engmaschig und wenden sich an die entsprechenden Polizeidienststellen, um abzuklären, ob es sich um ihr vermisstes Kind handelt. Inge B. ist mit ihrem Leid und ihren Ängsten nicht allein. Sie hat viele Seelenverwandte in ihrem Kummer.

Anjas Mutter bemüht sich nun, ihren Fall über die Sendung „Aktenzeichen XY ... ungelöst“ vorzustellen. Doch dort kann man ihr zu diesem Zeitpunkt nicht helfen, denn formal handelt es sich bei dem Verschwinden ihrer Tochter um eine Vermisstenmeldung — und um kein Verbrechen, das aufgeklärt werden soll. Sie bekommt den Tipp, ihre Tochter bei einer Sekte zu suchen, und versucht auch das, vergeblich. Und noch etwas macht Inge B. das Leben schwer: Zunehmend, so empfindet sie es, schlägt ihr im Ort selbst Feindseligkeit entgegen. Sie erlebt Mitbürger, die offenbar glauben, Anja müsse weggelaufen sein – und dahinter müssten dann ja wohl unfähige Eltern stecken.

Über eine Organisation, die Familien mit vermissten Kindern unterstützt, bekommt Inge B. Kontakt zu einer Frau in Nordrhein-Westfalen, die seit sieben Jahren auf ein Lebenszeichen ihrer verschwundenen Tochter wartet. Sieben Jahre! Anja ist seit einigen Monaten unauffindbar, und ihre Mutter ist seitdem außer sich vor Sorge. Wie muss es erst jemandem gehen, dessen Kind seit Jahren verschwunden ist! Inge B. kann sich das damals nicht vorstellen. Sie ahnt nicht, dass sie selber ein Vielfaches der Zeit in Angst und Ungewissheit leben wird. Bis heute.

Eine neue Spur führt offenbar nach Berlin, wo sich Anja laut einem Hinweis angeblich aufhält. Vier Anrufe erhält sie von einem Mann, der behauptet, Anja würde in Berlin leben und dort sogar ein Kind zur Welt gebracht haben. Es ist das Jahr 1978, die Grenze zwischen der Bundesrepublik Deutschland und der DDR ist scharf gesichert, und eine Fahrt nach Berlin ist mit strengen Kontrollen verbunden. Doch Inge B. besorgt sich schnellstmöglich einen Pass, um sich auf den Weg zu machen. In Berlin klappert sie Krankenhäuser ab in der Hoffnung, ihre Tochter zu finden. Nichts. Wer ruft eine besorgte Mutter an und belügt sie augenscheinlich? Ist es vielleicht der Täter, der sie auf eine falsche Spur führen will?

Viele Jahre später erzählt sie, dass sie an düsteren Plätzen mit Drogensüchtigen konfrontiert wurde und dass sie auch hier Sekten aufgesucht hat. Nichts lässt sie unversucht, wenn nur die kleinste Hoffnung besteht, Anja aufspüren zu können. Sie reist nach Ostberlin, um einem vagen Hinweis nachzugehen. Hier wird sie, so erinnert sie es heute, von finster dreinblickenden Polizisten in grauer Uniform beschimpft, bedroht und geschlagen. Die Suche im Osten schlägt fehl, Inge B. kehrt in ihren Heimatort zurück.

Hier gibt es endlich eine neue Spur. Das Auto des jungen Mannes, der seinerzeit Anja zur Diskothek mitgenommen hat, wird von der Polizei noch einmal gründlich durchsucht. Ein Ermittler entdeckt im Wagen eine Kette mit einem Herzanhänger, von dem Inge B. sicher ist, dass er ihrer Tochter gehört hat. Doch es ist Modeschmuck, günstige Massenware, und die Polizei hält den Fund nicht für sonderlich aussagekräftig. Zumal der verdächtige junge Mann bei einer erneuten

Befragung angibt, er habe die Kette irgendwo gefunden und in sein Auto gelegt. Inge B. und ihr Mann können nicht begreifen, dass diese Behauptung für die Polizei als Erklärung ausreichen soll. In der Mutter nagt nun der Gedanke: Hat der junge Mann ihre Anja auf dem Gewissen? Eine Antwort bekommt sie nicht. Als viele Jahre später die Ermittlungsmethoden differenzierter sind, als das Schmuckstück 2008 schließlich im Hamburger Institut für Rechtsmedizin auf DNA-Spuren überprüft wird, kann nichts von Beweiskraft festgestellt werden.

In ihrer Not und ihrem Leid erfährt Inge B. viel über die Menschen. Sie erlebt Fremde, die sich sofort herzlich ihrer annehmen und ihr zur Seite stehen. Sie wird von Menschen kontaktiert, die offenbar wirklich glauben, Anja gesehen zu haben, und helfen wollen. Aber die Mutter muss auch die Erfahrung machen, dass es immer wieder Menschen gibt, die sich an ihren Qualen weiden. Manche, so schildert sie es heute, beschreiben der Mutter in den furchtbarsten Details, was der Tochter angeblich angetan wurde. Andere, so hat sie es in Erinnerung, melden sich und behaupten, ihr Leichnam liege verborgen in einem Gebüsch. Und es kommen Anrufe, die einfach nur Schikane sein sollen. Inge B. erinnert sich an Leute, die von Hinweisen in Seifenschachteln erzählen, von Spuren auf Toilettenrollen, auf Taschentüchern. Einige besonders Sadistische hätten mit verstellter Stimme angerufen und gesagt: „Mama, ich bin es. Anja!"

Inge B. wird immer wieder mit angeblichen Tipps konfrontiert, wo ihre Tochter sich aufhalten soll. Mal ist sie vermeintlich in Stuttgart gesehen worden, mal in

Berlin, dann wieder an mehreren Orten in Niedersachsen. Sogar in Kanada will jemand Anja entdeckt haben.

Ein vielversprechender Hinweis scheint der Anruf eines Mannes zu sein, der an einer Autobahnraststätte bei Hamburg ein Papiertaschentuch mit der handgeschriebenen Notiz gefunden hat: „Ich brauche Hilfe! Anja". Doch seine Entdeckung liegt mittlerweile vier Monate zurück. Erst jetzt, nachdem er an einer anderen Raststätte zufällig einen der Handzettel mit dem Suchhinweis von Inge B. entdeckt hat, wird ihm die Bedeutung der Nachricht bewusst. Sollte es eine heiße Spur gewesen sein: Nun, so viele Monate später, ist sie jedenfalls kalt.

Stattdessen gibt es neue beunruhigende Nachrichten. In der Nähe ihres Heimatortes ist am 7. Juni 1978 eine weitere junge Frau nach einem Diskothekenbesuch verschwunden. Es ist die 18-jährige Angelika K. Zeugen berichten, dass die junge Frau von der Diskothek aus in der Nacht nach Hause trampen wollte. Dort ist sie nie angekommen.

In ihrer Verzweiflung hat Inge B. mittlerweile ihre Vorbehalte gegenüber Hellsehern aufgegeben. Sie reist zu einem Wahrsager nach Holland und zu einer Wahrsagerin in der Nähe von Bonn. Beide bestätigen der Mutter, dass ihre Tochter noch lebt. Der Mann gibt Hinweise, dass sie in Hamburg lebe, der Meinung der Frau zufolge ist sie in einer norddeutschen Stadt in einem Bordell. Andere Anrufer wollen Anja angeblich in Belgien gesehen haben. Auch hierhin fährt die besorgte Mutter und begibt sich entsprechend dem Hinweis in ein Brüsseler Rotlichtviertel – wieder ohne Erfolg.

Monate später wird eine dritte junge Frau vermisst. Die 18-jährige Anke S. wird zuletzt am 16. Mai 1979 gesehen, auch sie, nachdem sie in einer Diskothek im Landkreis Cuxhaven war. Sie ist von dort aus zu Fuß losgegangen, möglicherweise wollte sie per Anhalter nach Hause fahren. Auf einer Straße verliert sich ihre Spur.

Nicht nur das Alter der drei verschollenen Frauen ist in etwa das gleiche. Sie sehen einander zumindest ein bisschen ähnlich. Einen vierten Vermisstenfall gibt es in Bremerhaven, gut vierzig Kilometer von Cuxhaven entfernt. Jetzt wird die Möglichkeit einer Mordserie in Betracht gezogen. Die Medien bereiten die Fälle groß auf. „Aktenzeichen XY ... ungelöst" bringt nun, am 7. Dezember 1979, einen Beitrag. Die drei Fälle der vermissten jungen Frauen aus dem Bereich Cuxhaven werden im Fernsehen geschildert, die Atmosphäre in der Diskothek wird nachgestellt, es ertönt Musik, unter anderem von Boney M. sowie John Paul Youngs „Love is In the Air". Anja B. wird in dem Beitrag als recht zurückhaltend beschrieben. „Dennoch teilt sie mit den meisten ihrer Altersgenossinnen natürlich die Begeisterung für Diskothekenbesuche", heißt es. Auch von dem an der Autobahnraststätte gefundenen Zettel mit den Worten „Ich brauche Hilfe! Anja" ist die Rede. Obwohl nach der Sendung mehrere Hundert Hinweise eingehen, ist keine heiße Spur dabei.

Die Kripo in Stade ist bemüht zu helfen. Inge B. soll dort zur Polizei kommen, um Kleidung von toten und vermissten Kindern durchzusehen. Es ist nichts von Anja dabei. Und mittlerweile hat ein weiterer schlimmer Schicksalsschlag die Familie B. getroffen: Der Sohn ist bei einem Autounfall ums Leben gekommen. Nun hat Inge B. außer ihrem Mann nur noch ihre älteste Tochter. Und die verzweifelte Hoffnung, dass ihre Anja doch noch lebt, irgendwo, irgendwie.

Im Mai 1981, Anja ist mittlerweile seit dreieinhalb Jahren verschwunden, meldet sich nach einem Bericht in einer Zeitschrift über den Vermisstenfall ein Mann, der Anja in einem heruntergekommenen Viertel im marokkanischen Casablanca gesehen haben will, wo sie unter Drogen gesetzt und in einem Bordell gefangen gehalten werde. Und wieder geht Inge B. der Spur nach. In ihren Erinnerungen schreibt sie, wie sie in Begleitung von zwei Journalisten nach Marokko geflogen ist und in mehreren Städten nach ihrer Tochter gesucht hat. Sie erzählt, dass sie in den fünf Tagen, die sie sich dort aufhielt, selber in Gefahr geraten sei. Doch diese Bemühungen ergeben am Ende: nichts.

„Es kam nun das 5. Weihnachtsfest ohne unsere beiden Kinder", schreibt Inge B. später über das Jahr 1981. „Dem Sohn konnte ich wenigstens ein paar Blumen aufs Grab legen, aber was konnten wir für Anja tun? Die Feiertage wurden für uns die schlimmsten Tage vom ganzen Jahr."

Mehr als vier Jahre, nachdem sie Anja zuletzt gesehen hat, fährt die Familie erstmals in Urlaub. Die Verwandten haben dringend dazu geraten, man solle ausspannen und Abstand gewinnen. Doch Inge B. kommt nicht zur Ruhe. Die ganze Zeit über quält sie der Gedanke: Was ist, wenn Anja sich gerade jetzt meldet? Oder wenn ausgerechnet in der Zeit, in der sie selbst

! ! ! Vermisst ! ! !

Disco-Morde im Elbe-Weser-Raum

Seit dem 8. Oktober 1977 wird die 16-jährige Anja Beggers vermisst. Sie wurde zuletzt in einer Diskothek im Raum Cuxhaven gesehen.

In den Jahren zwischen 1977 und 1987 sind im Elbe-Weser-Raum vermutlich 13 junge Frauen spurlos verschwunden. Möglicherweise wurden sie ermordet. Allein 6 junge Frauen sind nach Discobesuchen spurlos entlang der Autobahn zwischen Cuxhaven und Bremen verschwunden: Angelika K. am 7. Juni 1978, Anke S. am 16. Mai 1979, Andrea M. im November 1980, Christina B. im August 1982 und Jutta S. im Juni 1986.

Wer weiß etwas über den Verbleib der Frauen?
Wer hat etwas Verdächtiges gesehen?

Sachdienliche Hinweise bitte an die Polizeiinspektion Cuxhaven:
Telefon 04721-573-0
oder an jede andere Polizeidienststelle.

Anja Beggers

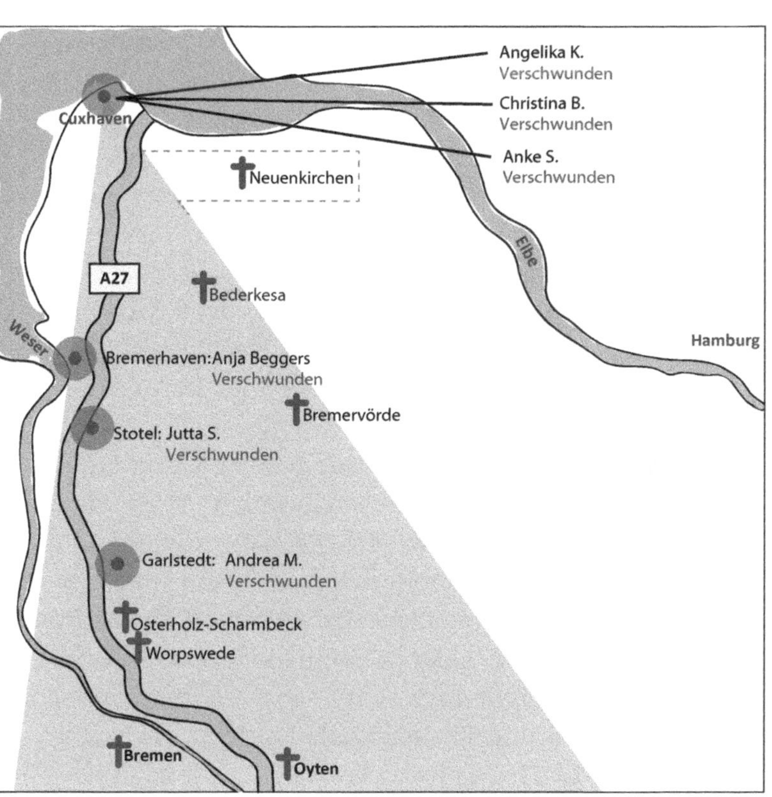
Angelika K.
Verschwunden
Christina B.
Verschwunden
Anke S.
Verschwunden
Cuxhaven
Neuenkirchen
Elbe
A27
Bederkesa
Weser
Hamburg
Bremerhaven: Anja Beggers
Verschwunden
Bremervörde
Stotel: Jutta S.
Verschwunden
Garlstedt: Andrea M.
Verschwunden
Osterholz-Scharmbeck
Worpswede
Bremen
Oyten

nicht zu Hause ist, das Telefon klingelt und jemand den alles entscheidenden richtigen Hinweis gibt?

Es kommen weitere Tipps, die Tochter im Ausland zu suchen. Wieder wird die Türkei genannt, und wieder führt angeblich eine Spur nach Marokko und dort in ein Vergnügungshaus. Inge B. möchte erneut in das nordafrikanische Land reisen und den Hinweis überprüfen. Doch bei der Suche nach einem zuverlässigen Beistand für die Reise bleibt sie erfolglos. Und Nachfragen über Mittelsleute legen nahe, dass diese Spur inzwischen kalt ist.

In der Region geht mittlerweile weiter die Angst um. Die nächsten jungen Frauen verschwinden. „Wir fragen uns schon lange: Wer ist das nächste Mädchen?", schreibt Inge B. in ihrem Bericht. „Ist es ein Ring, der alle Mädchen nacheinander holt, sie verschifft und in Bordellen einsperrt? Oder ist es ein Mörder, der hier in der Gegend herumläuft?"

Nach Anja B. und den beiden 18-Jährigen, die in den Jahren 1978 und 1979 plötzlich wie vom Erdboden verschwunden sind, hat das Schicksal bei weiteren Opfern zugeschlagen. Im November 1980 ist es die 19 Jahre alte Andrea M., die vermisst wird. Sie ist nach einem Besuch bei ihrem Freund in einer früheren US-Kaserne nicht nach Hause zurückgekehrt. Der junge Mann wird von den Ermittlern überprüft. Er hat ein Alibi, das wasserdicht ist. 21 Monate später trifft es eine 15-Jährige. Christina B. will in einer Diskothek ihren Freund treffen. Zeugen sehen die Schülerin zuletzt gegen zwei Uhr in der Nacht im Garten der Disco. Seitdem ist sie spurlos verschwunden.

Im Juli 1985 verliert sich die Spur von einer 17-Jährigen, die eine Freundin besuchen will, dort aber nie ankommt. Im Juni 1986 dann der nächste mysteriöse Fall. Die 24 Jahre alte Jutta S. will im Raum Bremerhaven per Anhalter fahren. Sie wird nie wieder gesehen.

Zwei Monate später ist Irene W. zu Fuß zu einer Diskothek unterwegs. Die 19-Jährige wird plötzlich von hinten niedergeschlagen, vermutlich mit einem Knüppel. Der Verbrecher wird offenbar gestört, er stößt die bewusstlose junge Frau in einen Graben. Dort ertrinkt sie im Schlamm unter Entengrütze. Ihr Leichnam wird eine Woche später entdeckt.

Entsetzt und voller Ängste verfolgt Inge B. jede dieser Nachrichten. Die Gedanken sind stets da: Ist meiner Anja etwas Ähnliches passiert? Wo ist sie? Lebt sie noch? Die Polizei tut ihr Möglichstes, um die Verbrechensserie aufzuklären. Es werden Hinweise auf mehrere Autos, die in der Nähe gesehen worden sind, überprüft. Es werden Hunderte Zeugen und Verdächtige vernommen, die Diskotheken observiert, Tramperplätze überwacht. Doch nirgendwo ergibt sich eine wirkliche Fährte.

In einem letzten Fall dieser Verbrechensserie scheint es Jahre später allerdings eine heiße Spur zu geben. Am 23. August 1987 wird in der Nähe von Bremervörde die 16 Jahre alte Sonja A. überfallen, die auf dem Nachhauseweg von einer Diskothek ist. Sie wird niedergestochen. Mehr als sechzig Mal hat der Täter sein Messer in den Körper der Schülerin gestoßen und die Tote dann an einem abgelegenen Feldweg zurückgelassen. Der Leichnam ist entkleidet, die Hände der

Frau sind hinter ihrem Rücken gefesselt, sie hat einen Knebel im Mund. Freunde sagen später aus, dass die 16-Jährige hatte trampen wollen.

Bei der Polizei wird eine Sonderkommission gebildet. Ins Visier der Ermittler gerät ein 19-Jähriger aus dem Bekanntenkreis des Opfers. Der junge Mann erzählt bei der Vernehmung, er habe mit Sonja Sex in seinem Auto gehabt. Gewalt sei nicht im Spiel gewesen. Anschließend seien sie in die Diskothek zurückgegangen. Die Polizei kann ihm nichts nachweisen.

Im Jahr 2008, also einundzwanzig Jahre später, wird der Mordfall neu aufgerollt. Mit inzwischen verbesserter DNA-Technik werden unter anderem an dem Seil, mit dem die 19-Jährige gefesselt war, feinste Spuren gesichert. Die Polizei bittet zahlreiche Männer zur Speichelprobe, um Vergleichsmaterial zu bekommen. Auch der ursprünglich Verdächtige, der inzwischen in Venezuela lebt und nach wie vor seine Unschuld beteuert, soll seine DNA abgeben. Ein Abgleich zeigt Übereinstimmungen mit Spuren, die an einer Socke und am Seil gesichert wurden. Der mittlerweile 40-Jährige wird wegen Mordes angeklagt. Doch das Gericht spricht ihn mangels Beweisen frei. Eine Sachverständige hat dargelegt, dass die DNA durch eine sogenannte Sekundärübertragung an das Seil geraten sein kann. Der Freispruch wird später vom Bundesgerichtshof kassiert, im Jahr 2010 findet ein neuer Prozess statt. Auch hier kommt ein Gutachter zu dem Ergebnis, dass die Spuren nicht eindeutig dem Angeklagten zugeordnet werden können. Erneut erfolgt ein Freispruch.

Keiner der sogenannten Disco-Morde konnte somit bisher aufgeklärt werden. Die jungen Frauen, die seit ihren Besuchen in den Diskotheken im Großraum Cuxhaven und Bremerhaven vermisst werden, sind nie wieder aufgetaucht, ihr Schicksal bleibt ungeklärt.

Wie viel kann ein Mensch ertragen? Wie lange kann er den Taumel zwischen Hoffen und Verzweifeln aushalten, die quälende Ungewissheit erdulden? Die Serie, die mit dem Verschwinden von Anja B. im Jahr 1977 begonnen hat, ist ungelöst, aber nicht in Vergessenheit geraten. Die Fälle werden immer wieder aufgenommen.

Inge B., die Mutter der als Erstes vermissten 16-jährigen Anja, gibt nicht auf. Mehr als vierzig Jahre, nachdem ihre Tochter verschwunden ist, sucht sie immer noch nach ihr. „Wie wenig man ausrichten kann, um das vermisste Kind wiederzufinden, habe ich als Mutter erlebt“, schreibt sie, und so sagt diese traurige und tapfere Frau es auch den Besuchern in ihrem Zuhause. „Für mich gibt es nur noch einen Wunsch: Ich möchte wissen, was mit meinem Kind geschehen ist.“

Anja B. wäre jetzt in einem Alter, in dem sie Großmutter sein könnte. Wenn sie denn noch lebt.

Suche nach Vermissten oder Toten

Wenn ein Mensch nicht auffindbar ist und vermisst wird, dann stellt sich stets die Frage: Ist dieser Mensch noch am Leben? Wurde er eventuell entführt, gefangen oder verschleppt? Hat er ein Unglück erlitten und liegt irgendwo hilflos, sterbend, tot? Wurde die Person ermordet und danach entsorgt, versteckt, vergraben, ins Wasser geworfen, einbetoniert oder auch zerstückelt?

Viele Fragen werden hier an den Rechtsmediziner gestellt. Wie, wann, wo kann ein Mensch verschwinden? Wie kann man eine Leiche „entsorgen“? Kann ein Körper tatsächlich vollständig verschwinden, kann er sich sozusagen in Luft auflösen? Welche Spuren hinterlässt ein Körper, wenn er vom Täter zerstört oder versteckt wird?

Wie verändert sich ein Leichnam im Laufe der Zeit? Dies ist die Frage nach den sogenannten späten Leichenveränderungen. Manchmal ist ein Körper bereits weitgehend durch Fäulnis und Tierfraß zerstört. Es gibt aber auch sogenannte konservierende Leichenveränderungen. Dazu gehören die Mumifizierung und, bei Wasserleichen, die Fettwachsbildung.

Die Rechtsmedizin muss sich stets einrichten auf neue und ungewohnte Situationen beim Bergen, Untersuchen und Sezieren von Leichen, Leichenteilen und sterblichen Überresten. Manchmal handelt es sich nur um ein Skelett oder um einzelne Knochen, die gefunden werden.

Es gibt viele und ungewöhnliche Varianten, einen menschlichen Körper zu verbergen oder zu entsorgen. So kann ein Leichnam beispielsweise im Wasser versenkt werden, eventuell auch auf hoher See. Menschliche Körper sind immer wieder auch von Flugzeugen aus ins Meer geworfen worden.

Als Mafia-Methode wird bezeichnet, einen Toten zerfleischen und auffressen zu lassen, indem man ihn Raubtieren vorwirft. Ebenso werden Leichen beziehungsweise Leichenteile Schweinen zu fressen gegeben. Daneben gibt es Bestattungsriten, bei denen menschliche Körper Tieren vorgelegt werden, beispielsweise aasfressenden Vögeln wie Geiern.

Man hat Tote im Fundament von Häusern versenkt. Besonders spektakulär sind solche Fragestellungen, wenn es sich um große öffentliche Bauten handelt wie Türme oder Brücken. In Hamburg wurde ein Opfer in einem neu gelegten Fußboden einbetoniert. Der Göhrde-Mörder „begrub" ein Opfer in seiner Garage unter einer Betonplatte. Der Säurefassmörder versenkte zwei Frauen in Fässern mit Salzsäure.

Tote beziehungsweise Leichenteile zu verbrennen, ist nicht ohne Weiteres vollständig möglich, meist bleiben Rückstände. So findet man beispielsweise nach der regulären Kremierung in der Asche noch Knochenbröckel, die dann in einer Knochenmühle zermahlen werden müssen, bevor sie in die Urne gefüllt werden.

Vergleichsweise häufig werden Tote vergraben. Manchmal werden die Leichenteile in solchen Fällen durch Tiere im Wald freigelegt, etwa durch Hunde. Manchmal werden Überreste von Verstorbenen eher zufällig bei Ausgrabungsarbeiten gefunden, bei Neubauten oder bei dem Bau von Straßen oder Industrieanlagen. Wenn derartige Leichenteile und Fundorte zu untersuchen sind, ist spezieller Sachverstand in archäologischer und/oder anthropologischer Hinsicht gefragt

Das Hamburger Institut für Rechtsmedizin hat sich auf solche Fälle spezialisiert. Eine zentrale Frage ist beim Auffinden einer Leiche dann stets, ob es sich um einen aktuellen Fall handelt oder ob es eventuell Knochen aus früherer Zeit sein könnten, zum Beispiel von Friedhöfen, möglicherweise noch Überreste von Toten aus dem letzten Weltkrieg. Für DNA-Vergleichsuntersuchungen werden kleine Knochenstücke zermahlen, gelöst und dann mittels PCR-Technik und Sequenzierung analysiert.

Der Mordfall Khashoggi oder: Ein sehr böser Rechtsmediziner

Es klingt wie aus einem schlimmen, äußerst brutalen Agenten-Thriller, was mit dem saudischen Journalisten Jamal Khashoggi am 2. Oktober 2018 geschieht. Khashoggi steht dem Regime in seinem Heimatland Saudi-Arabien kritisch gegenüber. Er betritt das Konsulat des Landes in Istanbul, um dort Papiere für seine geplante Hochzeit abzuholen. Dort wird er nachgewiesenermaßen umgebracht. Was im Einzelnen geschah, ist nicht bekannt. Der Leichnam wurde bis heute nicht gefunden.

Die „Washington Post" zitierte eine türkische Quelle, wonach biologische Beweise im Garten des Konsulats gefunden worden seien. Der Nachrichtensender Al Jazeera berichtete, die Leiche des Journalisten sei in einem Ofen im Garten verbrannt worden. Andere Quellen wiederum spekulierten, man hätte den Körper zerstückelt und in Säure aufgelöst. Entsprechende Vorwürfe wurden aus der Türkei gegenüber dem Königshaus in Saudi-Arabien erhoben. Lange suchte die türkische Polizei in einem nahe gelegenen Wäldchen nach Leichenteilen.

Eine höchst unrühmliche, zynische Rolle spielte bei diesem Fall die Gerichtsmedizin. Unter der Gruppe von Männern aus Saudi-Arabien, die offenbar als Killerkommando agierten, befand sich auch ein namentlich bekannter forensischer Pathologe. Speziell ihm schreibt man die Entsorgung der Leiche beziehungsweise der zerstückelten Leichenteile Khashoggis zu. Eigentlich unvorstellbar: Erwartet man doch von einem Gerichtsmediziner, dass er seine speziellen medizinischen Kenntnisse zur Aufklärung und nicht zur Vertuschung eines Verbrechens einsetzt.

Ein Gericht in Riad verurteilte im Dezember 2019 fünf Angeklagte wegen Mordes an Khashoggi zum Tode. Drei weitere Männer wurden wegen Verschleierung des Verbrechens zu langjährigen Haftstrafen verurteilt. Das Gericht entschied, dass der saudische Generalkonsul in Istanbul nicht schuldig sei. Sonstige Hintermänner wurden nicht benannt. Die Frage, die von verschiedenen Seiten aufgeworfen wurde, inwieweit hochrangige saudische Stellen in die Tötung von Khashoggi verwickelt waren, bleibt spekulativ und letztlich ungeklärt.

Der lebendige Tote

Es ist still hier und friedlich. Die Elbe fließt träge dahin, an ihren Ufern erstrecken sich vor allem Wiesen, auf denen Schafe weiden. Ein kleiner Bootshafen ist zu sehen. Der Blick kann nahezu endlos in die Weite schweifen und wird doch wie magisch von den beiden Hochspannungsmasten Elbekreuzung 2 angezogen, die als stählerne Türme hier in den Himmel ragen. Sie sind mit je 227 Metern Höhe die mächtigsten Tragmasten Europas. Majestätisch stehen sie auf ihren Sockeln aus Beton, unerschütterlich. Plötzlich aber zerschneidet ein lauter Ruf die Ruhe, die über der Elbe bei Hetlingen liegt. „Es brennt! Ihr müsst raus!“, schallt es über ein Holzschiff, das auf dem Strom unterwegs ist. Die Stimme des Mannes, der den Alarm auslöst, ist energisch und duldet keinen Widerspruch. Alles deutet auf einen Notfall hin, es gilt, das eigene Leben zu retten.

Und so beeilen sie sich, von Bord zu kommen, die Frau und der Mann, die zusammen mit dem Eigner auf dem Schiff unterwegs sind. Sie flüchten sich in ein Beiboot, bloß schnell weg vom Kutter *Tukka*. Im nächsten Augenblick erschüttert eine mächtige Explosion das Schiff, das hölzerne Gefährt mit dem schwarz gestrichenen Rumpf steht sofort in Flammen. Vom Eigner, der den Warnruf ausgestoßen und offenbar auf dem Schiff ausgeharrt hat, fehlt jede Spur. Hat die Elbe den 44-Jährigen verschlungen? Die Suche nach seinem Leichnam bleibt ergebnislos, der Mann gilt als verschollen, für lange Zeit.

„André ist tot", sagt die Ehefrau des Vermissten später. „Für mich ist der Fall abgeschlossen." Doch es gibt andere, die den Fall keineswegs als geklärt ansehen. Die im Gegenteil davon überzeugt sind, dass André K. noch lebt – er sei nicht vermisst, sondern abgetaucht, vermuten sie. Im wahrsten Sinne des Wortes. Lebensversicherungen, die mehr als eine Million Mark an seine „Witwe" auszahlen sollen, sind misstrauisch, die Polizei geht von einem versuchten Betrug aus. Und ein Staatsanwalt jagt einen Toten.

Vermisst – oder ganz bewusst von der Bildfläche verschwunden, womöglich mit dem Wissen der Angehörigen: Es gibt diese Fälle, in denen Menschen ihr Ableben inszenieren und dann quasi von den „Toten" auferstehen, um anderswo unter neuer Identität ihr Glück zu suchen.

Manchmal sind Schulden das Motiv oder man spekuliert, von hohen Lebensversicherungen zu profitieren. Oder es sind familiäre Beziehungen, Ehen zumeist, die wie ein Mühlstein empfunden werden und aus denen sich jemand herausschleichen und befreien will. Ein Neuanfang ohne Scheidungsstress und jahrzehntelange Unterhaltszahlungen? So mag der vorgebliche Tod vielleicht als attraktivere Lösung wirken.

Im Leben von André K. scheint jahrelang alles gut zu laufen. Seit zehn Jahren lebt der gelernte Maschinenbauer in Hamburg, hier hat er sich nach seiner Abschiebung aus der DDR eine neue Existenz als Tauchlehrer aufgebaut und einen Laden für Tauch- und Seglerbedarf geführt. Am 28. April 1994 macht sich der frühere Leistungssportler vom Hamburger City-Sporthafen aus mit seinem zu einem Tauchboot umgebauten Kutter *Tukka* elbabwärts auf den Weg nach Brunsbüttel. Mit an Bord des 18-Meter-Schiffes sind seine sechs Jahre jüngere Frau und sein neunundsechzig Jahre alter Vater. Es ist kurz vor Mitternacht, als das Trio auf der Unterelbe den Bereich der Hetlinger Schanze erreicht, ein idyllisches Fleckchen Erde, das bei schönem Wetter zahlreiche Spaziergänger anlockt. Doch jetzt ist es dort dunkel und ein bisschen unheimlich. Im Scheinwerferlicht des Kutters ähneln die riesigen Hochspannungsmasten gigantischen stählernen Skeletten mit ausgebreiteten Armen. Der Wind trägt das Blöken von Schafen über den Deich. Und plötzlich dieser Alarm: „Es brennt, ihr müsst raus!“ Nachdem sich die Ehefrau und der Vater von André K. in das Beiboot gerettet haben und einige Meter vom Kutter weggepaddelt sind, entlädt sich bei Tonne 112 das Inferno: die Explosion, die Flammen, der Rauch. Die beiden Hamburger werden Zeugen, wie die *Tukka* in Ufernähe vollkommen ausbrennt. Und der Skipper? Sein Warnruf und der dunkle Umriss seiner Gestalt auf dem Boot sind das Letzte, das die Angehörigen von dem 44-Jährigen wahrnehmen können. Danach gibt es nichts mehr. Kein Lebenszeichen. Aber auch keine Leiche.

Ermittler und Polizeitaucher finden keine Spur des Vermissten. „André blieb an Bord. Er wollte das Schiff retten", erzählt die Ehefrau später der Polizei. Es ist nur ein Detail aus den Aussagen der 38-Jährigen und ihres Schwiegervaters, das die Fahnder misstrauisch werden lässt. Auch die Assekuranzen, bei denen der als exzellenter Schwimmer bekannte André K. vier Lebensversicherungen mit einem Gesamtwert von mehr als einer Million Mark abgeschlossen hat, vermuten einen Betrug. Zudem ist die *Tukka* mit Baujahr 1950, die einst für die „Fischereigenossenschaft Wismar" der DDR fuhr und von dem Tauchlehrer für Ostsee-Törns mit seinen Schülern genutzt wurde, mit 100 000 Mark auffällig überversichert.

Noch weitere Indizien lassen einen Schwindel vermuten: Bis zur Unglücksnacht hatte der Skipper noch nie ein Beiboot mitgenommen. Es erscheint höchst merkwürdig, dass er es ausgerechnet jetzt ein erstes Mal dabei hat. Bei der Wasserschutzpolizei geht kein Notruf ein. Ein Sachverständiger, der das vollkommen ausgebrannte Wrack der *Tukka* untersucht, vermutet als Ursache für das Feuer und die Explosion auch keinen technischen Defekt, sondern Brandstiftung. „Eine Inbrandsetzung lässt sich nicht ausschließen", stellt das Seeamt im Januar 1995 fest. Und nicht zuletzt hätte der Tauchlehrer ein Motiv, um zu verschwinden und auf dem Umweg über seine Frau an die beträchtlichen Lebensversicherungen zu kommen: Sein Geschäft für Taucher- und Seglerausrüstung steht kurz vor der Pleite.

Alle Puzzleteile zusammengesetzt fügen sich zu einem schwerwiegenden Verdacht: André K. hat offenbar sein Schiff abgefackelt und seinen eigenen Tod nur inszeniert; in Wahrheit hält er sich irgendwo im Ausland auf. Ein Fahnder ist sich sicher: „Irgendwann schnappen wir ihn." Ein internationaler Haftbefehl wird ausgestellt. Dass der Mann nicht für tot erklärt wird, ist schlecht für seine „Witwe": Die Lebensversicherungen zahlen wegen der Zweifel das Geld nicht aus.

Schließlich wollen manche Zeugen in den nächsten Jahren André K. quicklebendig im portugiesischen Faro gesehen haben. Andere berichten später, er arbeite vermutlich in Südostasien als Tauchlehrer. Bevor Zielfahnder ihn dort festnehmen können, setzt sich der Vermisste erneut ab. Es fehlt wieder eine wirklich heiße Spur.

Die gibt es knapp fünf Jahre, nachdem der Verschollene abgetaucht ist: Ein Hinweis führt die Ermittler nach Berlin, wo der Vater des Skippers im Stadtteil Pankow lebt. Dort, vor dem Haus des Seniors, endet schließlich die Jagd nach dem vermeintlich Toten: Am 11. März 1999 wird der mittlerweile 49-Jährige in der Hauptstadt festgenommen und kommt in Untersuchungshaft.

Am 4. April 2000 beginnt vor dem Itzehoer Landgericht der Prozess gegen André K. Dort inszeniert sich der Mann, der zum Prozessauftakt einen grauen Anzug und Krawatte trägt, als Justizopfer. Auf einem Pappschild, das er aus der Tasche zieht, prangen die Worte: „Ich bin unschuldig – meine Haft ein Verbrechen". Die Staatsanwaltschaft sieht das anders. Sie wirft ihm Brandstiftung und versuchten Betrug vor. Laut Anklage geht es um 1,145 Millionen Mark, die die Hinterbliebenen des Angeklagten kassiert hätten, wenn der Schwindel nicht aufgeflogen wäre. Ermittlungen gegen die Ehefrau verliefen ergebnislos. Ihr kann eine Beteiligung an der Tat nicht nachgewiesen werden.

Vor Gericht schweigt André K. Sein Vater macht keine Aussage. Als naher Angehöriger kann er sich auf das Zeugnisverweigerungsrecht berufen. Ebenso hält es zunächst die mittlerweile von dem Angeklagten geschiedene Ex-Frau. Doch später, neun Monate nach Prozessbeginn und am 35. Verhandlungstag, bricht die 44-Jährige ihr Schweigen. Sie liefert unter anderem eine Erklärung dafür, dass André K. an jenem folgenschweren Tag erstmals auf der *Tukka* ein Beiboot dabei hatte: Ihr damaliger Mann sowie dessen Vater hätten für das Schlauchboot einen neuen Motor ausprobiert. Dann habe sie wegen des ablaufenden Wassers darauf gedrängt, dass sie unverzüglich zu ihrer Tour nach Brunsbüttel aufbrechen. Also sei das Schlauchboot mit Tauen hinten an dem Kutter befestigt worden.

Rund zwei Stunden nach dem Beginn ihrer Fahrt habe ihr Mann das Steuerhaus verlassen. Kurze Zeit später sei er „voller Panik" gewesen und habe Frau und Vater energisch aufgefordert, ins Beiboot zu springen, weil es auf dem Kutter brenne. Er selber habe nachkommen wollen, dann aber gesagt, er müsse kurz etwas erledigen und sei „sofort wieder da". Als Nächstes sei ihr „alles um die Ohren geflogen". An das Geschehen danach habe sie keine Erinnerung, sagt die Zeugin. Es ist eine Haltung, die das Gericht später in seiner Urteilsverkündung als „unerklärlich karge Angaben" und

„nicht nachvollziehbare Erinnerungslücken“ rügen wird.

Schließlich, nach einem Jahr Prozessdauer, fällt die Entscheidung in dem Verfahren. An zwei vorangegangenen Tagen war der Angeklagte der Verhandlung ferngeblieben, weil er wegen eines Herzleidens zu krank sei, um im Gerichtssaal dabei zu sein. Jetzt, da ärztlicherseits seine Verhandlungsfähigkeit bestätigt wird, will André K. offenbar durch einen kränkelnden Eindruck Mitleid schinden. Mit schlurfendem Gang schleppt er sich zu seinem Stuhl und sitzt dort mit gesenktem Kopf und Leidensmiene.

Das Landgericht verhängt gegen ihn eine 13-monatige Bewährungsstrafe wegen versuchten Betrugs. Die Richter sind überzeugt, dass der Tauchlehrer nach dem Feuer auf seinem Schiff seinen angeblichen Tod inszeniert hat. Mithilfe der Ehefrau sollten später Sach- und Lebensversicherungen von rund einer Million Mark kassiert werden. „Der Angeklagte wollte aus dem Geschäftsleben und aus seiner Ehe aussteigen“, sagt der Vorsitzende Richter in der Urteilsbegründung. Die Motive der Tat sind nach Überzeugung des Gerichts unter anderem „hohe Schulden“. Eine wirtschaftliche Sanierung habe sich André K. „letztendlich nur über Auszahlung der Lebensversicherung“ versprochen. Von seinem „Abtauchen“ habe er sich hohe Geldbeträge erhofft.

Vom Vorwurf der Brandstiftung wird der Angeklagte allerdings freigesprochen. Es sei „nicht auszuschließen“, dass das Feuer auch durch einen Schwelbrand in der Elektroanlage oder durch sich entzündendes Dieselöl entstanden sein könne. Für eine Verurteilung reiche es deshalb nicht aus. Allerdings habe es „zahlreiche Indizien" gegeben, „die für eine vorsätzliche Brandstiftung und den Einsatz von Brandbeschleunigern sprachen", sagt der Richter. Dazu habe ein Expertengutachten gezählt, aber auch das „auffällige Aussageverhalten" der beiden einzigen unmittelbaren Zeugen, der damaligen Ehefrau und des Vaters des Angeklagten. Mit seinem Urteil bleibt das Gericht deutlich unter dem Antrag der Staatsanwaltschaft, die zweieinhalb Jahre Haft gefordert hatte.

Ziemlich genau zwanzig Jahre nach diesem Prozess kommt erneut ein Fall in die Schlagzeilen, bei dem ein Mann sich auf dem Wasser gewissermaßen in Luft auflöst. Am Abend des 7. Oktober 2019 bricht ein 52-Jähriger von Kiel aus mit einem kleinen Motorboot in Richtung Dänemark auf – und verschwindet offenbar. Drei Tage später meldet ihn seine Frau als vermisst. Die Polizei sucht nach dem Mann, Taucher sind im Einsatz. Doch der Skipper bleibt verschwunden. Vier Tage nach seinem Start entdeckt ein Zeuge das gekenterte Boot vor Schönberg, einem nordöstlich von Kiel gelegenen Ort. Der Bug ragt aus dem Wasser, das Boot ist vom Strand aus zu sehen. Offensichtliche Schäden gibt es nicht, Schwimmwesten und Schlauchboot fehlen. Die Ermittler stoßen auf Ungereimtheiten und werden skeptisch. So werden von einem Sachverständigen Manipulationen am Boot festgestellt. Und da ist die Vermisstenmeldung der Ehefrau, die verhältnismäßig spät erfolgte. Die Versicherungsgesellschaften, bei denen das Paar Versicherungen abgeschlossen hat, verlangen Akteneinsicht. Der 52-Jährige ist für die Justiz kein Unbekannter. Er hat bereits eine Verurteilung wegen Kreditbetrugs, die aber noch nicht rechtskräftig ist. Das Misstrauen wird dadurch allerdings weiter angefacht.

Auffällig sind vor allem die vielen Lebens- und Unfallversicherungen, die von dem Ehepaar bei unterschiedlichen Assekuranzen abgeschlossen worden sind. Sie belaufen sich auf insgesamt mehr als 4,1 Millionen Euro. Der Antrag auf Auszahlung des Geldes wird von der vermeintlichen Witwe sehr zügig gestellt. Die Ermittler sind relativ schnell der Auffassung, dass der 52-Jährige seinen Tod lediglich vortäuscht, um die Versicherungssumme zu kassieren. Das Geld sollte im Todesfall an seine gleichaltrige Frau sowie die 86-jährige Mutter des Verschollenen ausgezahlt werden. Die Fahnder gehen davon aus, dass die Begünstigten in den Plan des Versicherungsbetrugs eingeweiht sind, ihn sogar mit vorbereitet haben.

Schließlich wird am 7. Mai 2020 das Haus der Mutter des mutmaßlichen Betrügers durchsucht. Die Fahnder durchforsten das Gebäude im niedersächsischen Schwarmstedt vom Keller bis zum Dachboden. Dort oben leuchtet ein Ermittler mit der Taschenlampe in alle Ecken, sieht plötzlich etwas aufblitzen. Beim genauen Hinsehen erkennt er, dass es ein Ehering an einer Hand ist. Wenige Augenblicke später nehmen Polizisten den zweiundfünfzig Jahre alten Kieler fest. Auf dem Dachboden seiner Mutter, in einer Ecke hockend, taucht der Norddeutsche sieben Monate nach seinem vermeintlichen Ertrinken hinter einigen gestapelten

Kartons wieder auf. Ihm und seiner Familie droht ein Verfahren wegen Betrugs.

Von Versicherungen mit Schwindel und Skrupellosigkeit Geld abzocken zu wollen, ist keineswegs eine Erfindung unserer heutigen Zeit. Schon in den Anfängen des 20. Jahrhunderts deckt der Leipziger Rechtsmediziner Richard Kockel einen ähnlichen Fall von Betrug auf. Der forensische Fachmann wird von einer Versicherungsgesellschaft zu Rate gezogen. Diese soll eine Lebensversicherung an eine Frau auszahlen, deren Gatte angeblich bei einem Verkehrsunfall getötet wurde. Der Mann ist laut Ermittlungen der Polizei mit seinem Auto auf ein Hindernis aufgefahren, der Wagen fängt Feuer, und die Person auf dem Fahrersitz verbrennt bis zur Unkenntlichkeit.

Aber die Assekuranz ist misstrauisch, wurde die Lebensversicherung doch erst kurz zuvor abgeschlossen, und der Verunglückte hatte finanzielle Probleme. Rechtsmediziner Kockel untersucht die Brandleiche und stellt bei der Rekonstruktion der Körperlänge fest, dass die verbrannte Person zehn Zentimeter kleiner ist als der angeblich Tote. Eine Untersuchung der Atemwege und der Lunge ergibt darüber hinaus, dass das Opfer keinen Ruß eingeatmet hat, wie man es bei einem Tod im Feuer erwarten würde. Bei einer chemischen Analyse stellt Kockel fest, dass sich im Blut kein Kohlenmonoxid befindet. Auch dies spricht eindeutig gegen einen Tod in den Flammen.

Und nicht zuletzt: Der Leichnam weist Schädelverletzungen auf, die weder durch den Autounfall noch durch den Brand zu erklären sind. Das Gutachten des

Rechtsmediziners ist eindeutig: Der Tote ist nicht der Versicherungsnehmer, sondern jemand anders. Die Polizei wird erneut eingeschaltet und observiert nun die angebliche Witwe, die auffällig häufig Kontakte nach Straßburg unterhält. Dort, in der ostfranzösischen Stadt, wird der Ehemann ermittelt und festgenommen. Er gesteht schließlich, dass er einen Landstreicher in seinem Auto mitgenommen hat, den Fremden erschlagen und auf den Fahrersitz seines Wagens platziert hat. Dann hat er die Handbremse gelöst, sodass das Auto führerlos gegen eine Wand steuerte. Schließlich hat der Mann Benzin verschüttet und das Fahrzeug in Brand gesetzt, um fortan als tot zu gelten. Er hat die Rechnung ohne die Wissenschaft gemacht. Das beschert ihm nicht nur keine üppige Versicherungszahlung – sondern auch noch viele Jahre Gefängnis wegen Mordes.

Rechtsmediziner haben zum Element Wasser eine ganz besondere Beziehung – in Norddeutschland und in Hamburg mit Elbe, Alster, Nordsee und Ostsee sowie vielen anderen Gewässern allemal. Wasser birgt tödliche Gefahren: beim Angeln, bei der berufsmäßigen Fischerei, auf hoher See, beim Sturz ins Wasser (Mann über Bord), beim Wassersport.

Wasser ist tödlich. Wenn man nicht schwimmen kann, ertrinkt man. Oder wenn die Strömung sogar für geübte Schwimmer zu stark ist, etwa bei Sturmflut, bei Hochwasser oder bei einem Tsunami. Wasser kann so kalt sein, dass man darin unterkühlt oder erfriert, es kann aber auch so heiß sein, dass es verbrüht.

Man kann durch Wasser töten, beispielsweise indem man einen schwächeren Menschen unter Wasser drückt, ihn ertränkt.

Im Wasser geht alles unter, so auch ein Leichnam. Ob ein Körper später wieder freigegeben wird, hängt von vielen Faktoren ab wie Wassertemperatur, Jahreszeit, Strömung, Einwirkung von Wasserfahrzeugen, Wassertieren, Stauwerken, Schleusen.

Tote kommen aus der Tiefe des Wassers wieder an die Oberfläche zurück, wenn sich die Fäulnis im Körper ausbildet und der Leichnam durch den Fäulnisgasdruck Auftrieb erhält. Hierdurch können erhebliche Kräfte entstehen, die den Körper an die Oberfläche steigen lassen, auch wenn er stark mit Gewichten beschwert ist. Dies kann als ein Wettlauf mit der Zeit bezeichnet werden. Speziell im kalten, tiefen Wasser kommt es nämlich andererseits zur sogenannten Fettwachsbildung, das heißt zur Umwandlung der Körperweichteile in eine grau-weiße, mörtelartige Masse, die den Körper am Grund des Gewässers hält. Dann verschwindet der Körper endgültig im Wasser und bleibt am Grund liegen.

Wenn ein Körper ins Meer fällt, bleibt er zumeist vollständig verschwunden. Auch bei Kreuzfahrtschiffen kommt es immer wieder vor, dass Menschen über Bord gehen. Spekuliert wird über Tötungsdelikte, indem jemand über die Reling gestoßen oder geworfen wird. Andererseits ist damit zu rechnen, dass Suizidenten diesen Weg des Abgangs und des vollständigen Verschwindens wählen. Das Hamburger Institut für Rechtsmedizin hat schon den einen oder anderen Leichnam aus der Nordsee untersucht, der niemals identifiziert wurde. Unter Umständen wird auf einem Schiff erst sehr spät bemerkt – und gemeldet –, dass eine Person verschwunden ist.

In heimischen Gewässern werden Tote relativ häufig gefunden, wenn man sie gezielt sucht, etwa durch Taucher am Grund des Gewässers. Oder in Fällen, bei denen der Körper durch den Fäulnisgasdruck an die Oberfläche gelangt und angeschwemmt wird oder als im Wasser treibender Leichnam gesichtet und dann geborgen wird.

Zu bedenken ist, dass es stark von der Wassertemperatur und somit von der Jahreszeit abhängt, wann man einen Toten findet. Derartige Vermisstenfälle werden je nach Jahreszeit innerhalb von Tagen, im Winter eventuell erst nach Monaten aufgeklärt.

Im Fall eines desorientierten Rentners, der im Bereich einer Fähranlage mit seinem Auto über die Kaimauer ins Wasser stürzte und ertrank, wurden das Fahrzeug und der inzwischen in Fettwachs umgewandelte Körper erst nach Jahren zufällig entdeckt. Vergleichbar war die Situation bei einem Binnenschiffer, der nach einem feuchtfröhlichen Landgang bei der Rückkehr auf sein Schiff alkoholisiert ins Wasser gestürzt war. Der in Fettwachs umgewandelte Leichnam wurde erst nach Jahren zufällig im Rahmen von Ausbaggerungsarbeiten gefunden. In diesem Fall konnte die Identität durch DNA-Untersuchungen am Fettwachs-Knochen eindeutig geklärt werden.

Ausgelöscht und abgetaucht

Weiße Engel aus Porzellan sind in der gläsernen Vitrine im Wohnzimmer arrangiert. Familienfotos zieren die Wände, und auf dem Esstisch steht Obst bereit. Der Garten ist gepflegt, die Rabatten sind liebevoll bepflanzt. Die beiden Familienkatzen stromern durch das Haus. Alles an diesem Rotklinkergebäude wirkt harmonisch, gepflegt, im Lot. Kleinstädtische Idylle, so scheint es. Als würde die Familie, die hier lebt, gleich zurückkommen. Doch hinter der vermeintlich bürgerlichen Normalität, so weiß man später, hat sich eine Tragödie abgespielt. Ein Drama, das auch Jahre danach noch rätselhaft ist, unerklärlich. Mörderisch?

Vater, Mutter, Kind: Es ist der 22. Juli 2015, als die drei aus dem niedersächsischen Drage von einem Moment zum anderen wie vom Erdboden verschluckt zu sein scheinen. Die zwölfjährige Tochter Miriam hat ihren lang ersehnten Reiturlaub nicht angetreten. Die Mutter Sylvia, die alle als zuverlässig schätzen, erscheint plötzlich nicht mehr zur Arbeit bei einem Discounter. Der Vater Marco S. wird zuletzt gesehen, als er am Abend die Mülltonnen für die Abfuhr bereitstellt – und dann offensichtlich abtaucht.

Eine Woche später wird der Leichnam des 41-Jährigen in der Elbe entdeckt.

Doch seine dreiundvierzig Jahre alte Frau und seine Tochter sind Jahre später immer noch unauffindbar. Bis heute. Sehr wahrscheinlich sind Mutter und Tochter tot. Theoretisch ist es freilich möglich, dass sie irgendwo ein neues Leben begonnen haben. Das Einzige, was für eine Flucht aus der alten in eine neue Existenz zu sprechen scheint, ist der Umstand, dass die Lieblingskuscheltiere der Zwölfjährigen nicht mehr im Haus zu finden sind. Die Schülerin könnte sie mitgenommen haben – wo auch immer sie sich jetzt aufhält, zusammen mit ihrer Mutter. Aber wer verlässt schon auf Dauer sein Zuhause, freiwillig, ohne seinen Ausweis einzustecken? Ohne irgendwelches Gepäck? Nur mit zwei Kuscheltieren? Reicht das als Beginn für ein neues Leben in der Fremde?

Rund 300 Personen werden laut Bundeskriminalamt in Deutschland täglich als vermisst gemeldet. Die meisten Schicksale klären sich wieder auf, viele bereits binnen weniger Tage, andere erst nach Wochen. Es bleibt ein kleiner Teil, wo die Menschen für lange Zeit verschwunden sind, manche über Monate oder sogar Jahre, vielleicht Jahrzehnte. Für immer?

Doch in solchen Fällen geht es in der Regel um Einzelpersonen – und nicht um eine ganze Familie. Wenn es zugleich mehrere Menschen aus einem Haushalt betrifft, erinnert das eher an die Mafia, nicht jedoch an Kleinbürgertum, es klingt nach Wildem Westen und nicht nach einer kleinen Gemeinde im Hamburger Speckgürtel. Dass dieses Außergewöhnliche dennoch geschieht und eine ganze Familie einfach wie in Luft aufgelöst scheint, sorgt nicht nur im Großraum Hamburg für Sorge und Aufregung. Ganz Deutschland verfolgt den mysteriösen Fall, sogar englische Zeitungen berichten darüber.

Die Sommerferien 2015 beginnen gerade, als das Umfeld der Familie S. sich zu sorgen beginnt. Tochter Miriam ist bereits während der vergangenen Tage nicht mehr in der Schule gewesen, angeblich ist sie krank. Am 22. Juli gibt es das letzte Lebenszeichen von der Zwölfjährigen. Nachdem Sylvia S. zwei Tage lang nicht zur Arbeit erschienen ist, alarmieren ihre Kollegen die Polizei. Weil auch der Familienvater nicht an seinem Arbeitsplatz in einer Geesthachter Chemiefabrik auftaucht, durchsuchen Beamte das Haus der Familie. Es sieht aus wie ein Heim, dessen Bewohner nur mal kurz fortgegangen sind. Die Fenster stehen auf Kipp, die Spülmaschine ist durchgelaufen, Portemonnaies und Ausweispapiere sind noch da, beide Autos stehen im Carport.

Es findet sich kein Abschiedsbrief. Es gibt nirgendwo Blutspritzer oder Kampfspuren, die auf ein Gewaltverbrechen hindeuten würden, weder im Haus noch in den Autos. An sich ist das ein gutes Zeichen, doch wirklich beruhigen kann es Freunde, Verwandte und Bekannte der Familie nicht. „Wir machen uns alle so schreckliche Sorgen, dass etwas ganz Schlimmes passiert ist“, sagt eine Nachbarin, deren Tochter eigentlich mit der zwölfjährigen Miriam in den Reiturlaub hatte fahren wollen. „Die beiden Mädchen haben sich noch am Mittwoch vor dem Haus über die Schule unterhalten und dabei gelacht“, schildert die Nachbarin die letzte Begegnung der Mädchen an dem warmen Sommertag. Jetzt ist die Schülerin verschwunden, ohne sich abzumelden. Und noch etwas wirkt für die Familie ganz untypisch. „Die Katzen einfach so allein zu lassen – das hätten die nie getan“, ist die Nachbarin überzeugt.

Die Ermittlungen ergeben, dass Sylvia S. an dem Tag, als sie zuletzt gesehen worden ist, mittags bei der Arbeit eine SMS ihres Mannes erhalten hat. Darin bittet Marco S. seine Frau, nach Hause zu kommen, weil es der Tochter schlechter gehe. Ihr Smartphone verbindet sich an jenem Tag um 16.50 Uhr mit dem heimischen WLAN, danach geht es vom Netz. Das Handy von Marco S. wird am selben Abend ausgeschaltet. Für immer.

Einen Tag später, am Morgen, ist der 41-jährige gelernte Landwirt noch mit dem Auto seiner Frau unterwegs. Und danach muss Marco S. noch mal zu Hause gewesen sein, denn der Wagen steht nun im heimischen Carport. Stattdessen fehlt sein grünes Herrenfahrrad.

Nachdem sich im Haus und auf dem Grundstück der vermissten Familie keine Hinweise auf den Aufenthaltsort der drei ergeben, sucht die Polizei wenig später die Umgebung ab, unter anderem mit Hubschrauber und Wärmebildkameras. Auch mit Hundeführern sind die Beamten unterwegs und durchstöbern akribisch das Elbufer. Kontodaten und Telefonverbindungen der Familie werden überprüft, ohne besondere Auffälligkeiten offenzulegen. Die Polizei veröffentlicht nun ein Plakat, auf dem oben in großen Lettern das Wort „VER-

MISST“ prangt. Darunter werden die Hinweise auf den letzten Aufenthaltsort aufgelistet, ergänzt von Fotos der verschwundenen Familie. Alle drei Bilder stammen aus den Personalausweisen, die die Polizei im Haus gefunden hat. Die Bitte der Ermittler an die Bevölkerung um Hinweise bleibt ohne Ergebnis. Niemand weiß etwas.

Die Polizei steht vor einem Rätsel, und bei Angehörigen und Bekannten wächst die Sorge. Was ist los mit der Familie, die so bürgerlich erschien, zuverlässig, ordentlich, bei der man geglaubt hat, alles sei harmonisch? Die Tochter wird als fröhlich und aufgeschlossen wahrgenommen, die Mutter als warmherzig und zuverlässig. Und Marco S., der auch immer mal wieder auf dem Reiterhof, wo seine Tochter reitet, ausgeholfen hat, wird als fürsorglicher und liebevoller Familienvater beschrieben. Ein Freund schildert ihn als hilfsbereiten Menschen, der „immer für jeden da sein“ wollte.

Das ist die eine Facette der Familie.

Doch es gibt auch eine mysteriöse Seite. Wieso hat die Mutter eine Woche vor Ferienbeginn den Schulspind der Tochter leergeräumt? Wieso hat die Zwölfjährige zuletzt gegenüber einer Freundin Zweifel geäußert, ob sie den lang ersehnten Reiturlaub antreten kann? Was hat es damit auf sich, dass Marco S. am Tag, an dem die Familie zuletzt gesehen worden ist, in einem Telefonat mit seinem Schwiegervater behauptet, seine Frau und seine Tochter schliefen schon – und das vor 20 Uhr?

Schließlich, mehr als eine Woche nach dem Verschwinden der Familie, entdecken Spaziergänger einen menschlichen Körper, der mit dem Gesicht nach unten in der Elbe treibt, etwa zwanzig Kilometer vom Wohnort der Familie entfernt. Die Spaziergänger alarmieren die Polizei, die mithilfe der Freiwilligen Feuerwehr den Toten birgt. Die Elbe ist an dieser Stelle sieben bis zehn Meter tief. Mehrere Taucher sind im Einsatz. Schnell ergibt sich der Verdacht, dass es sich bei dem männlichen Leichnam um den vermissten Marco S. handelt. Das würde die schlimmsten Befürchtungen bestätigen. Und: Am Körper des Mannes befindet sich ein mit einem Gurt befestigter Betonfuß eines Bauzauns. Dessen Gewicht beträgt 35 Kilogramm.

Betongewichte an einer Leiche? Das verbindet man eigentlich mit Mafiakreisen, wenn ein unliebsamer Mitwisser oder Konkurrent aus dem Weg geräumt werden soll. War es also Mord? Durch die hinzugezogenen Lübecker Rechtsmediziner werden an dem Toten äußerlich keine Merkmale von Gewalteinwirkung festgestellt, keine Hämatome, geschweige denn eine Messer- oder Schussverletzung. Ein provisorisches Zahnschema wird aufgenommen und eine Übereinstimmung mit dem vorliegenden Zahnstatus des Familienvaters festgestellt. Der Tote ist sehr wahrscheinlich Marco S.

Nun übernehmen die Kriminalpolizei Buchholz und die Lüneburger Staatsanwaltschaft. Der Leichnam wird in das Hamburger Institut für Rechtsmedizin gebracht. Hier werden zunächst die biometrischen Maße genommen: Körpergewicht, Größe und Körperbau. Diese Daten passen zu dem vermissten Chemiearbeiter, ebenso wie weitere äußere Merkmale wie Haarlänge und -farbe, Schuhgröße und eine Operationsnarbe. Gewissheit, dass es sich um Marco S. handelt, bringt der exakte und endgültige forensisch-odontologische Befund des Leichnams, der eine eindeutige Übereinstimmung mit den zahnärztlichen Daten des Vermissten zeigt.

Bei der Sektion bestätigt sich, dass Marco S. keinerlei äußere Verletzungen hat. Die Untersuchung der inneren Organe, insbesondere der Lunge, ergibt als Todesursache Ertrinken. Alkohol- oder Drogeneinfluss wird nicht festgestellt. Die Befunde lassen zudem den Rückschluss zu, dass der 41-Jährige vermutlich am Tag nach dem Verschwinden der Familie verstorben ist, am 23. Juli.

Das ergibt sich unter anderem anhand der starken Waschhautbildung sowie aufgrund der fortgeschrittenen Fäulnis des Toten. Letztere ist auch die Erklärung dafür, dass der Leichnam trotz der extremen Beschwerung mit dem 35-Kilo-Betonblock nicht am Grund der Elbe verblieben ist. Der Fäulnisgasdruck hat den Körper an die Oberfläche getrieben. Für ein Tötungsdelikt gibt es aufgrund der Sektionsbefunde keinerlei Anhaltspunkte. Es werden auch keine Rückstände von Medikamenten gefunden.

Wenig später findet die Polizei in der Nähe des Ortes, wo der Leichnam entdeckt wurde, ein Fahrrad auf dem Grund des Flusses. Auf dem Gepäckträger befinden sich weitere Spanngurte, die identisch sind mit denen an der Leiche von Marco S. Und ganz in der Nähe am Ufer entdecken die Ermittler ein Verkehrsschild, von dem der Betonfuß entfernt worden ist.

Die Tat wird nun so rekonstruiert, dass Marco S. sehr wahrscheinlich mit dem Fahrrad zur Elbbrücke fuhr und sich dort mit dem umgeschnallten Betonklotz ins Wasser fallen ließ. Offenbar hatte er beabsichtigt, für immer am Grund der Elbe zu verbleiben, um jede Spur von sich zu verwischen. Doch die von der Fäulnis begünstigte extreme Auftriebskraft der Wasserleiche macht ihm einen Strich durch die Rechnung.

Nun ist das Haus der Familie S. in der 4000-Seelen-Gemeinde Drage ein Tatort. An den Türen befinden sich Polizeisiegel. Und in der Nachbarschaft gibt es nur ein Gesprächsthema: Was könnte sich hinter der bürgerlichen Fassade der Familie abgespielt haben? „Man fühlt sich wie in einem schlechten Film“, sagt einer, der nur wenige Häuser entfernt wohnt. Ein schlechter Film – mit einem grausigen Ende? Denn was ist mit Miriam und Sylvia S. geschehen? Sie bleiben verschwunden. Auch Hobbydetektive und Hellseher fühlen sich berufen, sich mit dem Fall zu befassen. Ein Phänomen, das man bei derartigen Vermisstensachen immer wieder beobachtet.

Mittlerweile ermittelt die Polizei in Richtung eines „erweiterten Suizids“. So bezeichnen Juristen und Psychologen eine Verzweiflungstat, bei der sich jemand das Leben nimmt und die Familienmitglieder „in den Tod mitnimmt“ beziehungsweise sie vorher umbringt. Korrekter wäre es, von einem Doppelmord mit Anschlusssuizid zu sprechen. Oft wird eine solche Tat begangen, weil jemand erdrückende finanzielle Sorgen hat oder eine tödliche Krankheit; wenn er keine Perspektive mehr sieht und überzeugt ist, dass auch die Liebsten mit dem Schicksal nicht umgehen können. Der Täter glaubt, dass er sie vor einer leidvollen Zukunft bewahren müsse. Ganz überwiegend handelt es sich in solchen Fällen um männliche Täter.

Inzwischen gibt es Aussagen aus dem Umfeld der Familie, die ahnen lassen, dass unter der scheinbar intakten Oberfläche etwas gebrodelt hat. Eine erwachsene Tochter von Sylvia S., die aus einer früheren Beziehung stammt, berichtet von Alkoholproblemen ihres Stiefvaters. Eine andere Zeugin erzählt, Sylvia S. habe sich von ihrem Mann trennen wollen. Und eine Freundin der Familie schildert einen Streit, in dem Marco S. gedroht habe, er werde sich umbringen, wenn sich seine Frau von ihm trennt.

In den nächsten Wochen sucht die Polizei weiter nach Mutter und Tochter. Unter anderem wird entlang der Elbe das Ufer durchkämmt, auch mit Leichenspürhunden. Ein Helikopter mit Wärmebildkamera kreist über dem Gelände. Taucher steigen erneut in den Fluss. Doch alle Mühen bleiben vergebens. Es gibt keine neue Spur. „Jetzt muss man trotz aller Hoffnung davon ausgehen, dass wir die beiden nicht mehr lebend finden“, fasst ein Polizeisprecher die Lage zusammen.

Wenn die Liebsten verschwunden sind und ihr Schicksal nicht zu klären ist, erleben die Angehörigen ein Wechselbad der Gefühle. Da sind vor allem die Ängste, dass der Schwester, dem Sohn, dem Vater, der guten Freundin etwas Schlimmes passiert ist. Mit jeder Stunde ohne ein Lebenszeichen wächst die Furcht vor einer schrecklichen Nachricht, die die Angehörigen wie einen Strudel erfasst und in die Tiefe zu ziehen droht.

Und zugleich ist da die Hoffnung, die wie ein psychischer Rettungsanker wirkt: Solange es keine Gewissheit gibt, klammern sich Herz und Seele an jeden Strohhalm, ganz gleich, wie dünn und zerbrechlich er ist. Und nicht nur die Angehörigen sind betroffen und gelähmt. Auch das erweiterte Umfeld eines Vermissten ist aufgewühlt. Eine Nachbarin der Familie S. meint: „Es wäre viel einfacher, wenn wir wüssten, was passiert ist – so läuft ein endloses Gedankenkarussell."

Am 12. August, also etwa drei Wochen nach dem Verschwinden der Familie, berichtet die Fernsehsendung „Aktenzeichen XY ... ungelöst" über den Fall. Daraufhin meldet sich eine Zeugin, die angibt, sie habe die Familie am Tag ihres Verschwindens am Mühlenteich in Holm-Seppensen beobachtet. Dieser liegt rund siebenundzwanzig Kilometer vom Wohnhaus der Vermissten entfernt. Die Frau sagt, sie habe Gesprächsfetzen von der Unterhaltung der drei mitbekommen. Darin sei dreimal ein Name gefallen, der sich als Spitzname von Sylvia S.s Tochter aus erster Ehe herausstellt. Angeblich kennt außer dem engsten Familienkreis niemand diesen Spitznamen. Und: Die Zeugin hat auch Schreie gehört. Dann sollen Sätze gefallen sein wie: „Was soll das? Spinnst du?" und „Papa, lass das!" Danach habe es einen Knall wie von einem platzenden Luftballon oder dem Zuschlagen einer Autotür gegeben.

Die Angaben der Zeugin sind so konkret, dass die Polizei erneut eine intensive Suchaktion am und in dem 350 Meter langen Teich unternimmt. Unter anderem kommt ein Sonarboot zum Einsatz, das diverse Gegenstände tief unten auf dem Grund aufzeigt – aber keine

Leichen. Auch Personenspürhunde werden eingesetzt. Diese finden tatsächlich Geruchsspuren von Vater, Mutter und Tochter, die zum See hinführen. Aber nur die von Marco S. führt vom See wieder weg.

Hat der 41-Jährige hier seine Ehefrau und Tochter getötet und die Leichname verschwinden lassen? Ermittler halten dieses Szenario zwar nicht für ganz ausgeschlossen, aber für unwahrscheinlich. Denn eine Rekonstruktion des Tatablaufs ergibt, dass Marco S. zwischen zwei Telefonaten, die er am Nachmittag mit dem Reiterhof und am Abend mit dem Schwiegervater geführt hat, nur ein Zeitfenster von zwei Stunden gehabt hätte. Allein die Fahrt vom Haus der Familie zum See und zurück hätte etwa neunzig Minuten gedauert. Also hätte Marco S. für die beiden Morde und das Entsorgen der Toten nur etwa eine halbe Stunde Zeit gehabt, was kaum machbar erscheint. Außerdem ist der Mühlenteich ein beliebtes Ausflugsziel und deshalb wenig geeignet, um dort einen Doppelmord zu begehen und zwei Leichen für immer verschwinden zu lassen.

Denkbar, aber unterschiedlich wahrscheinlich sind im Fall der Familie S. vier Szenarien: Marco S. hat die Familie getötet und danach sich selbst. Oder: Sylvia S. hat ihren Mann getötet und sich anschließend mit der Tochter ins Ausland abgesetzt. Oder es gibt ganz andere Täter, die entweder nur Marco S. oder die ganze Familie auf dem Gewissen haben. Und schließlich: Sylvia S. wollte sich von ihrem Mann trennen und heimlich mit ihrer Tochter im Ausland ein neues Leben beginnen. Marco S. hat die Trennung von seiner Familie nicht verwunden und sich in der Elbe ertränkt.

Auch wenn das Schicksal der 43-Jährigen und ihrer Tochter bis heute ungeklärt ist: Das wahrscheinlichste Szenario bleibt, dass Marco S. beide getötet hat, bevor er Suizid beging. „Irgendetwas hat die Familie bedrückt", sagt ein Polizeisprecher dazu. Er vermute, dass es aus Sicht des Familienvaters einen unüberwindbaren Konflikt zwischen Mann und Frau gegeben hat. „Besonders tragisch wird es dadurch, dass vermutlich auch das Kind diesem Konflikt zum Opfer gefallen ist."

Bei diesem von der Polizei angenommenen Szenario besteht eine Besonderheit: Es wäre ungewöhnlich, dass ein Täter bei einem erweiterten Suizid sich die Mühe macht, die Opfer und seinen eigenen Leichnam dauerhaft verschwinden zu lassen. Andererseits: Dass im Zusammenhang mit einem Mordgeschehen die Opfer versteckt werden und dass ein Suizident versucht, alle Spuren – auch die eigenen – auszulöschen, gehört durchaus zum rechtsmedizinischen Erfahrungshorizont.

Gegen Tote wird nicht ermittelt. Das ist ein eherner Grundsatz im deutschen Recht. Deshalb werden die Mordermittlungen gegen Marco S. schließlich eingestellt. Der Fall wird seither als Vermisstensache behandelt. Und solche Fälle verjähren nicht. Die Akten werden erst dann geschlossen, wenn der Vermisste gefunden oder für tot erklärt wird. Das kann bei Sylvia S. frühestens zehn Jahre nach ihrem Verschwinden geschehen, also erst im Jahr 2025. Für die noch minderjährige Tochter Miriam beginnt die Zehn-Jahres-Frist, wenn sie volljährig würde. Somit kann sie frühestens an ihrem 28. Geburtstag für tot erklärt werden.

Es ist nicht der einzige mysteriöse Todesfall in Drage. Knapp acht Jahre vor dem Fall der Familie S. verschwand schon einmal jemand spurlos. Damals war es ein achtundzwanzig Jahre alter Zimmermann, der bei der Freiwilligen Feuerwehr tätig war und als sehr zuverlässig beschrieben wurde. Noch Jahre später suchte seine Familie nach dem Mann, unter anderem auf einer für seine Suche eingerichteten Internetseite. „Bitte melde Dich bei Deinen Eltern", heißt es dort. Noch einmal drei Jahre früher, im Jahr 2004, wurde ein Mann aus der Norderelbe geborgen. Sein Leichnam war mit einem Betonklotz beschwert, ähnlich wie bei Marco S.

Alles nur Zufall? Eine Duplizität der Ereignisse? Als Rechtsmediziner hört man irgendwann auf, sich über mögliche Zusammenhänge zu viele Gedanken zu machen. Nur der Fantasie sind keine Grenzen gesetzt.

Faszination Spürhunde

Die Rechtsmedizin ist sowohl im Hinblick auf die tägliche Praxis als auch bezüglich wissenschaftlicher Arbeit stark interdisziplinär orientiert. Der Blick über den Tellerrand ist elementar wichtig, um in schwierigen Fällen mit kreativen Lösungsansätzen weiterzukommen. Dies gilt für Grenzbereiche zu Biologie, Chemie, Physik und andere wissenschaftliche Disziplinen.

Als sehr wichtige Helfer bei der kriminalistischen Arbeit haben sich Spürhunde erwiesen. Dazu sind auch ihre Hundeführer sowie die Wissenschaftler zu zählen, die die teilweise fast unglaublichen Leistungen der Hundenase objektivieren. Wenige Moleküle eines Geruchsstoffs reichen aus, um von den Sinneszellen der Hundenase erkannt zu werden. Um dieses Verfahren nicht zu diskreditieren, ist eine unvoreingenommene wissenschaftliche Herangehensweise an die odorologische Leistungsfähigkeit, an den Spürsinn von Hunden erforderlich. Speziell auch im Ermittlungsverfahren von Polizei und Staatsanwaltschaft sowie später im Gerichtsverfahren sind reproduzierbare Ergebnisse essenziell. Der bloße Glaube an die spezielle Leistungsfähigkeit des Tieres ist natürlich keine geeignete Grundlage für exakte Ermittlungsergebnisse.

In der Rechtsmedizin sind Assoziationen zu Geruch und Nase ohne Weiteres gegeben. Bei Leichenschauen und Sektionen sowie am Geschehensort ist es für die Diagnose durchaus wichtig, Gerüche wahrzunehmen (etwa von Lösungsmitteln, Brandbeschleunigern, Brandgasen, Kloakengas) beziehungsweise den Geruch von Giften zu registrieren (Bittermandelgeruch bei Zyankali, lauchartiger Geruch bei Pflanzenschutzmitteln, aromatischer Geruch des Alkohols). Auch bei Stoffwechselstörungen (Nierenschwäche, Zuckerstoffwechselentgleisung) können Geruchswahrnehmungen (zum Beispiel von Harnstoff, Aceton) wegweisend sein.

Wer in ein Institut der Rechtsmedizin kommt, rümpft durchaus einmal die Nase. Der Geruch eines Leichnams sowie insbesondere der Geruch von Fäulnis und Verwesung können sehr intensiv sein.

Feststellungen oder Diagnosen durch Geruchswahrnehmung sind in vielen anderen Bereichen der Polizeiarbeit von richtungsweisender Bedeutung: so etwa im Hinblick auf Sprengstoff, Drogen, Rauschgift, Lebensmittelkontrolle (in der Regel über die Hundenase, zum Teil aber auch durch andere Tiere). Der Spürsinn der Hundenase wird speziell bei Vermisstensachen eingesetzt. Ein weiterer Einsatzbereich ist die Suche nach Verschütteten, etwa nach Erdbeben oder in eingestürzten Gebäuden. Hierfür ausgebildete Hunde werden für die Suche nach Leichen beziehungsweise Leichenteilen eingesetzt. Dies geschieht in der Regel in schwierigem Terrain, also bei Toten, die eingegraben, im Wasser, eingemauert, sonst wie verborgen oder (eventuell teilweise) in Säure oder Lauge aufgelöst sind.

Im Bereich von Vermisstensachen mit abgängigen, möglicherweise verwirrten alten Leuten spielen der Geruchssinn und die Hundenase eine besonders wichtige Rolle. Der „Detektiv“ oder auch „Kommissar Hund“ ist ein unverzichtbarer Partner bei der Suche nach solchen Personen.

In den vergangenen Jahren sind die wissenschaftlichen Erkenntnisse zum Faszinosum Spürhunde stark angewachsen. Mehrere Kongresse zu dieser Thematik fanden statt. Hierbei wurden die in der Ausbildung der Hunde existierenden Probleme besprochen, und man versuchte, die Nasenarbeit des Hundes besser zu verstehen. Es wurden Qualitätsstandards erarbeitet, die es ermöglichen sollen, den Leistungsstand eines Teams Hundeführer/Hund richtig einzuschätzen. Fehlender fachlicher Kompetenz auf dem Gebiet der Verfolgung von menschlichen Geruchsspuren („mantrailing“) wird damit entgegengewirkt. Je besser wir Bescheid wissen, was die Hundenase leisten kann und was sie ihrerseits braucht, um zu verstehen, was wir als Aussage wollen, desto zuverlässiger werden die Ergebnisse.

Leider gibt es eine Reihe von Fehlleistungen oder falschen Spuren, die von Spürhunden angezeigt wurden. Nach dem Verschwinden eines jungen Schotten in Hamburg hatte man den Mann angeblich in Buxtehude in einem Geschäft gesehen. Geprägt über Kleidungsstücke des Toten zeigte ein Spürhund daraufhin eindeutig den Weg zum nächsten Bahnhof. Allerdings war der Vermisste nachweislich nie vor Ort. Im Vermisstenfall von Birgit Meier, die von dem Göhrde-Mörder getötet wurde, haben Spürhunde in der Garage des Mörders keinerlei Anzeigeverhalten gezeigt; daraufhin ging die Polizei davon aus, dass hier kein Leichnam zu finden sei. Beim Nachgraben fand man allerdings das Skelett der vermissten Frau, achtundzwanzig Jahre nach dem Verschwinden. (Vergleiche das entsprechende Kapitel in „Der Tod gibt keine Ruhe", Seite 298 ff.)

Die Erfahrung zeigt, dass das „Hilfsmittel Hund" in der heutigen Polizeiarbeit immer unentbehrlicher wird. Selbst teure Analysegeräte in den Laboren sind nicht in der Lage, Gerüche so fein zu differenzieren wie eine Hundenase. Hinzu kommt: Nur der Hund kann ohne Weiteres auch an einem schwer zugänglichen Geschehensort eingesetzt werden.

Weggespült im Paradies

Die Hoffnung ist da, eine ganze Weile noch. Sie überwindet Grenzen und Tausende Kilometer Entfernung. Als Carmen M. nicht mehr erreicht werden kann, weit weg von ihren Liebsten, als sie als vermisst gelten muss, mag ihre Familie noch lange nicht aufgeben. Die Angehörigen telefonieren alle möglichen Adressen ab, sie schreiben Mails und kontaktieren die Polizei. Sie suchen über Internetseiten nach der 53-Jährigen, zum Beispiel auf einer Plattform für Taucher und Schnorchler. Die aktive, lebensfrohe Carmen M. könnte ja noch irgendwo unterwegs sein, vielleicht ist sie einer Laune folgend an einen anderen Ort gereist – fort von Khao Lak. Sie könnte vielleicht doch in Sicherheit sein.

Diese Vorstellung ist so viel hoffnungsvoller, als sich mit der viel wahrscheinlicheren Möglichkeit auseinandersetzen zu müssen: Dass für die 53-Jährige das Urlaubsparadies zur Hölle geworden sein könnte. Dass sie während ihres Urlaubs in Thailand ertrunken ist – und damit zu einem der Hunderttausenden Opfer wurde, die der Tsunami am 26. Dezember 2004 in Südasien gefordert hat. Weite Teile eines ganzen Kontinents liegen in Trümmern, die Strände sind verwüstet, Tausende Familien verzweifelt, die Toten ungezählt. Und doch will die Familie von Carmen M., die in einer kleinen Gemeinde im niedersächsischen Wendland lebt, die Hoffnung auf eine wundersame Rettung noch lange nicht aufgeben.

Als sich das Ausmaß der Flutkatastrophe in den betroffenen Ländern wie Indonesien, Thailand und Indien abzeichnet und immer weniger Hoffnung für vermisste Bürger besteht, schreibt eine Bremer Zeitung über die vermisste Carmen M.: „Viele, die von den riesigen Wellen hinweggerissen wurden, wird das Meer nie wieder hergeben." Zu diesen Opfern gehöre wahrscheinlich auch die Medizinerin aus der Hansestadt. „Unter ihren Patienten macht sich tiefe Traurigkeit breit." In einem anderen Bremer Blatt wird eine Nachbarin der Vermissten zitiert: „Die Patienten lieben sie. Sie hat so vielen geholfen. Hoffentlich hat sie überlebt."

Die Hoffnung stirbt zuletzt. Das gilt für Schwerkranke und Verlassene ebenso wie für die Angehörigen von Vermissten. Sie klammern sich an den Gedanken, dass es doch noch gut werden wird. Die Hoffnung ist das, was uns die Kraft gibt weiterzumachen, irgendwie. Weil es doch noch eine Aussicht auf ein frohes Ende geben könnte. Also sucht man weiter, bangt weiter, hofft weiter. So wie die Angehörigen von Carmen M. und wie ihre Patienten. So wie alle, die diese so positive und lebensfrohe Frau gernhatten und sich wünschen, dass es das Schicksal gut mit ihr meint, dort, weit weg im Urlaubsparadies. Doch die Bremerin hat nicht überlebt. Sie starb in den Fluten des Indischen Ozeans, im Tsunami.

Ein schwedischer Tourist, der die leidenschaftliche Sporttaucherin zufällig für ein Video interviewte, ist einer der Letzten, der mit Carmen M. gesprochen hat. Auf die Frage des Mannes, was sie in Khao Lak besonders genieße, sagte Carmen M. auf Englisch: „Sei einfach hier, sei jetzt ganz und gar hier. In diesem Moment. Spür das Universum. Ich war gerade im Meer und dachte: Sei so weit wie der Himmel und lass dich vom Ozean tragen.“ Ähnlich begeistert äußerte sich eine andere Frau, die Carmen M. in diesem Urlaub kennengelernt hatte: „Das hier ist kein Partyort. Du hörst die ganze Zeit die Geräusche des Ozeans. Das ist so friedlich.“

Die Geräusche des Ozeans: An diesem Morgen des 26. Dezember 2004 sind sie überhaupt nicht friedlich. Es ist ein Brüllen und Tosen, als die aufgepeitschten Wassermassen in haushohen Wellen auf das Land zustürmen. Der Tsunami ist durch ein Seebeben fünfundachtzig Kilometer vor der Nordwestküste der indonesischen Insel Sumatra entstanden. Dort schiebt sich die indisch-australische Kontinentalplatte unter die eurasische. Dadurch aufgebaute Spannungen entladen sich schlagartig in einem Beben von der Stärke 9,1 auf der Richterskala, dem drittstärksten Beben überhaupt seit Beginn der Aufzeichnungen. Die Schockwelle des Seebebens ist auf dem Meer zunächst kaum sichtbar. Dann aber rast die Druckwelle im Wasser mit mehreren Hundert Kilometern pro Stunde auf die Küste zu. In den flachen Uferregionen türmen sich die Wogen zu gigantischen Höhen auf. Im thailändischen Khao Lak sind die Wellen bis zu zehn Meter hoch. In Indonesien rollen sie als dreißig Meter hohe Wassergiganten auf das Festland zu.

Mit zerstörerischer Wucht zermalmen sie alles, was ihnen im Weg ist, machen Häuser dem Erdboden gleich, entwurzeln Bäume, reißen Autos und ganze Straßenzüge mit sich – und ertränken Tiere und unendlich viele Menschen. Nichts kann bestehen gegen die schäumende Wut des Meeres. Die meisten Menschen, die sich verzweifelt an die Türen ihrer Wohnungen, an Bäume, an Straßenschilder oder Häuserecken klammern, werden von der Urgewalt des Wassers mitgerissen. Und auch der geübteste Schwimmer hat keine Chance, gegen den gewaltigen Sog anzukommen.

Die dramatischen Bilder des Tsunamis gehen als eine der größten Naturkatastrophen der neueren Zeit um die Welt. Die riesige Zahl von etwa 230 000 Todesopfern und weiteren rund 110 000 Verletzten führt sehr rasch zu ausgedehnten internationalen Hilfsmaßnahmen sowohl staatlicher als auch nichtstaatlicher Organisationen. Aus Deutschland sind bereits in den ersten Tagen nach der Katastrophe das Technische Hilfswerk sowie unterschiedliche Ärzteteams für medizinische Maßnahmen und zur Unterstützung bei der Personensuche im Einsatz. Als weiterer Helfer ist die Identifizierungskommission des Bundeskriminalamts vor Ort. Doch viele der Opfer können auch in der Folgezeit nicht identifiziert werden.

In den Urlauberzentren von Thailand und Sri Lanka, wo sich an Weihnachten eine sehr große Anzahl von ausländischen Touristen aufgehalten hat, kann allerdings mehr erreicht werden – und das, obwohl für forensische Untersuchungen im Rahmen einer derartigen Naturkatastrophe bis dahin keine Strategien existieren. Sehr schnell wird klar, dass die bisherige bewährte Einsatzplanung, zum Beispiel für Flugzeugabstürze, nicht ausreicht. Gleichwohl können die ersten Teams schon etwa 24 Stunden nach dem Tsunami mobilisiert und in die betroffenen Regionen entsendet werden. Weitere 48 Stunden später reisen weitere Teams in das Katastrophengebiet, unter anderem Ärzte der Hamburger Rechtsmedizin.

Sie finden extrem schwierige Bedingungen vor. Sie müssen zu Beginn der Aktion auf einer planierten Fläche am Rande des Dschungels unter freiem Himmel arbeiten, bei sengender Hitze von fast 40 Grad und bei heftigem Gestank. Die Schichten dauern zunächst von Sonnenauf- bis Sonnenuntergang, später dann, nachdem unter anderem Flutlicht installiert ist, arbeiten die Experten rund um die Uhr in Acht-Stunden-Schichten.

Erschwert wird ihr Einsatz dadurch, dass die Verwesung bei den unter freiem Himmel und bei subtropischen Klimabedingungen gelagerten Toten schnell voranschreitet. Schon nach kurzer Zeit kann zum Beispiel nicht mehr sicher zwischen Asiaten und Europäern unterschieden werden. Und eine Kühlung mit Trockeneis, die bald vorgenommen wird, kann die bereits erfolgten erheblichen Veränderungen nicht mehr aufhalten. Kleidung oder andere Gegenstände an den Körpern sind für eine Identifizierung nur sehr beschränkt aussagekräftig. Denn die meisten der Opfer sind beim Auftreffen der Flutwelle gerade am Strand gewesen, viele badeten oder schnorchelten, sie waren nur mit Bikini oder Badehose bekleidet und hatten ihren Schmuck abgelegt.

Es gibt einzelne Fälle, bei denen anhand von besonderen körperlichen Merkmalen eine Identifizierung gelingt. Ein solcher Fall ist der, mit dem es skandinavische Rechtsmediziner zu tun haben. Bei einem Verstorbenen, der im thailändischen Phuket untersucht wird, wird ein ungewöhnliches Tattoo am Brustkorb festgestellt: Es handelt sich um einen wenig professionell gezeichneten Toaster mit Kabeln, wobei die Brustwarzen in die Abbildung von elektrischen Steckern einbezogen sind. Schließlich wird herausgefunden, dass diese sehr spezielle Tätowierung einem verurteilten Mörder zuzuordnen ist, der in Schweden aus dem Gefängnis geflohen war und nun eindeutig identifiziert werden kann. Unter den in Phuket arbeitenden Wissenschaftlern kursiert daraufhin der Ausspruch, der Tsunami sei sozusagen „als Gottesurteil" dem verurteilten Mörder zum Verhängnis geworden.

Um eine Identifizierung möglich zu machen, wird bei den meisten anderen Verstorbenen DNA gesichert, aus den Organen und vor allem aus den Knochen. Zudem wird der Zahnstatus erstellt. Parallel zu den Untersuchungen im Katastrophengebiet werden in den Heimatländern der Vermissten Maßnahmen zur Identifizierung vorgenommen. Die Polizei sichert unter anderem Ausweispapiere, Fotos, Beschreibungen, Körpermaße, zahnärztliche Behandlungsunterlagen, Röntgenbilder sowie Gegenstände, die zu Vergleichszwecken für die

DNA herangezogen werden können, beispielsweise Zahnbürsten und Kämme. Diese Daten müssen dann mit den Befunden von den Toten verglichen werden, in der Fachsprache spricht man von „matchen“.

Auf diese Weise gelingt es, von den etwa 550 durch den Tsunami vermissten deutschen Urlaubern nahezu alle zu identifizieren. Auch die Bremer Ärztin Carmen M. ist darunter. Entscheidend für ihre Identifizierung ist letztlich der Zahnstatus. Auch in ihrer Wohnung wurde zuvor Vergleichsmaterial gesichert, ein Kamm, die Zahnbürste und Fingerabdrücke. Darüber hinaus werden ihre Ärztin und ihr Zahnarzt kontaktiert und über vorgenommene Behandlungen und körpereigene Merkmale befragt. Aus der Karteikarte des Zahnarztes sowie aus Röntgenbildern wird der vollständige Zahnstatus rekonstruiert. Dies sind die „Ante-mortem-Daten“, die den Identifizierungsexperten in Thailand übermittelt und schließlich mit den postmortalen Daten verglichen werden. Beim Abgleich ergibt sich am 24. Februar, also rund acht Wochen nach dem Tsunami, die sichere Identifizierung von Carmen M. Ihr Leichnam kann in die Bundesrepublik überführt werden.

So steht fest, dass das Leben von Carmen M. in Khao Lak geendet ist – an einem Strand, an dem die 53-Jährige einen Traumurlaub hatte verbringen wollen, ein Jahreswechsel bei sommerlichen Temperaturen und fantastischen Unterwassereindrücken beim Schnorcheln. Das Schicksal hat zugeschlagen, als sie es wohl am wenigsten erwartet hat. Doch die Ärztin ist bei all ihrer Lebensfreude und ihrem Optimismus auch Pragmatikerin gewesen. Für den Fall ihres Todes hat sie schon mit Mitte vierzig genaue Überlegungen angestellt. Sie hat sich gewünscht, ihr Körper solle nach ihrem Tod eingeäschert werden – und dass „wenn möglich die Asche in den indischen Ganges gestreut wird (am besten im Quellgebiet im Himalaya)".

Diese Möglichkeit wird angesichts der Umstände im Frühjahr 2005 verworfen. Und so werden ihre sterblichen Überreste im Mai nach einer Trauerfeier in ihrem Heimatland in einem Urnenbegräbnis beigesetzt. Auch ein anderer Wunsch, den Carmen M. weit mehr als ein Jahrzehnt vor ihrem Tod in ihrem Testament formuliert hat, ist nicht leicht umzusetzen: Sie hat alle Hinterbliebenen gebeten, nicht traurig zu sein. „Das Leben ist ewig, und der Tod ist nur der Horizont, den wir sehen können. Ich liebe euch alle, und ich war gern auf dieser Welt", hat sie geschrieben. Man kann aber das, was ihre Angehörigen als Spruch für die Traueranzeige ausgesucht haben, in ihrem Sinne verstehen: „Als du auf die Welt kamst, O Mensch, hat sich die Welt gefreut und du hast geweint", heißt es dort. „Jetzt gebrauch deine Zeit so, dass, wenn die Stunde schlägt und du die Welt verlässt, sie weinen wird und du mit Freude gehen kannst."

IDKO – Identifizierungskommission des Bundeskriminalamts

Die Identifizierungskommission des Bundeskriminalamts kommt zum Einsatz, wenn deutsche Staatsbürger im Ausland in größerer Zahl versterben. Der aus Sicht der beteiligten Rechtsmediziner größte und längste Einsatz erfolgte 2004 nach dem Tsunami in Thailand. Seinerzeit sind dort etwa 550 deutsche Staatsbürger ums Leben gekommen, von denen die meisten geborgen und identifiziert werden konnten. Andere Anlässe für den Einsatz der Kommission können Großschadensfälle und Katastrophen sein, beispielsweise nach Flugzeugabstürzen.

Zur IDKO abgeordnet werden auch Mitarbeiterinnen und Mitarbeiter der Rechtsmedizin (Ärzte, Zahnärzte, Anthropologen). Diese bilden dann zusammen mit den Kriminalisten DVI-Teams (Desaster Victim Identification).

Die dafür benötigten Rechtsmediziner müssen jeweils kurzfristig einsetzbar sein. Insofern sind hieran eher die größeren deutschen rechtsmedizinischen Institute beteiligt, da diese im Hinblick auf die Abordnung von Mitarbeitern relativ flexibel sind. Alle im Ausland eingesetzten Rechtsmediziner müssen über einen umfassenden Impfschutz verfügen. Dieser betrifft unter anderem folgende Krankheiten: Cholera, Gelbfieber, FSME, Tollwut, Typhus, Hepatitis A, Hepatitis B, Influenza, Meningitis, Poliomyelitis, Diphtherie, Tetanus, Japanische Enzephalitis, Masern und Röteln. Zusammen mit der IDKO werden regelmäßig Fortbildungsmaßnahmen durchgeführt.

Die körperliche und psychische Belastung bei derartigen Einsätzen im Ausland ist als ausgesprochen hoch zu bezeichnen. Hamburger Rechtsmediziner waren nach den Jugoslawien-Kriegen (1991 – 1999) im Kosovo sowie in Bosnien-Herzegowina im Einsatz. Bei dem Tsunami waren allein zehn Hamburger Rechtsmediziner vor Ort tätig. Ein anderer Einsatz erfolgte nach dem Absturz der Boeing 737 Max am 10. März 2019 in Äthiopien.

Die kriminalistischen und rechtsmedizinischen Identifizierungsmaßnahmen müssen bei derartigen Einsätzen im Ausland stets an die jeweilige Situation angepasst werden. Die am häufigsten eingesetzten Identifizierungsmethoden sind DNA-Untersuchungen. Andererseits spielten nach dem Tsunami in Thailand insbesondere forensisch-odontologische Untersuchungen eine herausragende Rolle. Die meisten Deutschen wurden aufgrund ihrer zahnärztlichen Befunde (die in Deutschland sorgfältig dokumentiert werden) identifiziert. Speziell bei Flugzeugabstürzen ist die DNA-Technologie bei der Identifizierung von Leichenteilen in der Regel entscheidend. Kleinere Leichenteile kann man überhaupt nur durch den DNA-Status sicher zuordnen.

Wenn es um die Identifizierung einer größeren Zahl von vermissten oder verschollenen Personen geht, dann werden von den eingesetzten Kriminalisten und Rechtsmedizinern in der Regel sogenannte Identifikationsstraßen eingerichtet, bei denen die einzelnen Maßnahmen nacheinander geschaltet sind. Zunächst erfolgt beispielsweise das Röntgen beziehungsweise eine Computertomographie, sodann folgt die äußere Leichenschau und eine anthropologische Untersuchung. Es schließen sich Sektion, Materialgewinnung für DNA-Untersuchungen und eine Beteiligung von Zahnärzten zur Erhebung des Zahnstatus und Gebissbefunds an. Abschließend wird die Dokumentation aller sonstigen Merkmale, Effekten und Umstände durch die Kriminalpolizei vorgenommen. Während auf der einen Seite Befunde von dem unbekannten Toten erhoben werden, müssen im Heimatland die Daten und Befunde aus dem Lebensbereich des Vermissten zusammengetragen werden, um letztlich ein sogenanntes „Match", also einen Treffer, zu ermöglichen.

Der Junge, der unsichtbar wurde

Fünf Buchstaben und vier Ziffern prangen auf dem rautenförmigen Granitblock. Ein Name und eine Jahreszahl, mehr nicht. Man kann es als eindringliche Minimalistik verstehen, vielleicht auch als ein besonderes Statement, dass der Grabstein des kleinen Kevin so schlicht gehalten ist – ohne Sterbetag. Doch die traurige Wahrheit ist, dass niemand das genaue Datum kennt, an dem der Zweijährige umgekommen ist. Tatsächlich ist noch nicht einmal der Monat exakt zu definieren. Nur wie Kevin zu Tode kam, ist mittlerweile genau dokumentiert: Wie er bei denen, die ihn hätten beschützen sollen, aus dem Blick geraten ist. Er war dem als aggressiv bekannten und drogensüchtigen Ziehvater hilflos ausgeliefert, bis dieser ihn schließlich totprügelte. Am Ende fand man das geschundene Kind in Plastiksäcke eingewickelt in einem Kühlschrank.

Als es längst zu spät war und der Junge tot, stand der Fall Kevin im Fokus der Öffentlichkeit, sogar im Scheinwerferlicht, das wie eine Art Brennglas den Schrecken offenlegte. Es gab sehr viele Menschen, die sich fragten, warum niemand etwas wirklich Hilfreiches getan hatte, um Kevin zu retten. Es hatte Menschen und ganze Institutionen gegeben, die hätten helfen können. Die aber nicht genug unternommen hatten – oder das Falsche oder gar nichts.

Die Stadt Bremen, unter deren Vormundschaft Kevin stand und wo sich das Drama um den Jungen abspielte, erbebte unter dem Skandal. Der Ziehvater von Kevin kam schließlich vor Gericht. Jetzt blickte die ganze Nation auf das traurige Schicksal des Jungen, dem noch ein ganzes Leben hätte offenstehen sollen. Der aber nur zweieinhalb Jahre leben durfte — und große Teile davon vernachlässigt, unterernährt, mit gebrochenen Knochen und unter schlimmen Schmerzen. Eine Tragödie.

Vermisst: Wenn von verschollenen Kindern die Rede ist, denkt man gemeinhin an Jungen und Mädchen, die sich verlaufen haben, die entführt wurden oder die aus dem Elternhaus weggelaufen sind. Unsere Vorstellung geht dahin, dass Väter und Mütter ihre Kinder lieben, dass sie sich sorgen, sobald ein Kind verschwindet, dass sie verzweifelt nach ihm suchen. Wir nehmen an, dass dann Albträume und Schlaflosigkeit ihre Nächte bestimmen und bange Stunden am Telefon ihre Tage, in der Hoffnung auf ein Lebenszeichen.

Bei dem kleinen Kevin war alles anders. Dieser Junge, der die meiste Zeit seines Lebens unendlich viel Leid ertragen musste, verschwand geräuschlos, fast unbemerkt. Erst im Nachhinein wurde vielen klar, dass das Kind schon mehrere Monate, bevor sein Tod endlich entdeckt wurde, vermisst war. Nur hatte das über so lange Zeit niemand wirklich wahrgenommen.

Schon Kevins Start ins Leben steht unter einem schlechten Stern. Seine Mutter Sandra K., vierunddreißig, hat bereits sieben Jahre im Gefängnis verbracht. Sie hat Hepatitis und ist HIV-infiziert und seit vielen Jahren rauschgiftsüchtig, als ihr Sohn am 23. Januar 2004 zur Welt kommt. Kevin ist 2230 Gramm leicht und ein Frühchen – das Baby muss darüber hinaus sofort nach der Geburt in den Drogenentzug. Der Lebensgefährte von Kevins Mutter will für die Zeit danach durchsetzen, dass der Säugling bei ihnen lebt.

Doch dieser Bernd K. ist keiner, den man sich als idealen Vater vorstellt. Er ist seit seinem 13. Lebensjahr mit Alkoholeskapaden auffällig und ebenso wie Kevins Mutter drogenabhängig. Außerdem ist er ein Mann mit insgesamt dreizehn Jahren Knasterfahrung. Er hat wegen Diebstahls, aber auch wegen gefährlicher Körperverletzung eingesessen. Der 42-Jährige spielt sich als leiblicher Vater von Kevin auf, was er jedoch nicht ist. Doch das wird erst nach dem Tod des Kindes durch einen DNA-Test bekannt. Der hoch gewachsene, massige 42-Jährige versteht es, mit Cleverness und Beharrlichkeit seinen Willen zu bekommen. Er setzt schließlich gegen den Rat der Kinderärzte durch, dass Kevin bei ihm und Sandra K. leben soll.

Als Mitstreiter für seine Forderungen hat der Mann seinen Drogenarzt gewonnen, der viel – zu viel – Verständnis für die Probleme des rauschgiftsüchtigen Mannes hat und ihn immer wieder unterstützt. Und schließlich profitiert Bernd K. von den Entscheidungen eines Mitarbeiters des Jugendamts, die man in Bremen Case-Manager nennt. Manager, das soll zupackend, innovativ, effizient klingen. Geholfen hat der Behördenmitarbeiter jedenfalls viel zu lange vor allem dem durchsetzungsfähigen und durchtriebenen Bernd K. Und viel zu wenig dem hilflosen kleinen Kevin.

Es mag sein, dass Sandra K. und ihr Lebensgefährte die Absicht haben, wirklich ernsthaft für den Säugling zu sorgen. Doch schon in den ersten Lebensmonaten des Kindes wird deutlich, dass dies nicht gelingt.

Das erste, gleich sehr deutliche Warnsignal gibt es am 27. September 2004. An diesem Tag bringen die Eltern den Jungen in eine Kinderarztpraxis. Die Mutter ist besorgt, weil ihr Kind sehr viel weint. Der Arzt stellt Knochenschwellungen an beiden Unterschenkeln fest, die oft Hinweise für Frakturen sind, und weist das Baby in eine Kinderklinik ein. Dort ergibt sich ein Befund, der sofort sämtliche Alarmglocken schrillen lassen müsste: Beide Unterschenkel und der linke Unterarm von Kevin sind gebrochen, darüber hinaus hat er vier Rippenfrakturen und mehrere Brüche der Schädelknochen. Ein Kinderarzt der Klinik sagt später im Prozess gegen Bernd K. aus, er sei „entsetzt über das Ausmaß der Brüche unterschiedlichen Alters" gewesen. „Meinen Kollegen ging es genauso. Das war mir bisher noch nicht so begegnet."

Der Junge muss entsetzliche Schmerzen ausgestanden haben. Solche Frakturen entstehen nicht einfach so, wenn sich ein Kind einmal irgendwo stößt oder hinfällt. Solche Brüche erfordern Gewalt. Die Mediziner konfrontieren die Eltern mit dem Verdacht, dass es sich um Kindesmisshandlungen handelt. Doch Bernd K. wiegelt ab. Kevin sei wohl mal von einer Nachbarin, als sie ihn auf dem Arm hatte, zu heftig gedrückt worden. Und außerdem sei das Baby eben ein wildes Kind und gerate öfter mit den Beinen zwischen die Gitterstäbe seines Kinderbettchens. Ein wildes Kind? Mit gerade mal sieben Monaten? Die Ärzte überzeugt das nicht. Sie benachrichtigen das Jugendamt. Dieses bringt das Baby aber nicht zu Pflegeeltern, sondern gibt es zu seiner Mutter und Bernd K. zurück. Deren Versprechungen, sich nun besser um den Jungen zu kümmern und ihn regelmäßig zu Kontrolluntersuchungen vorzustellen, beschwichtigen die Behörden. Es herrscht offenbar das Prinzip Hoffnung. Die Devise der Sozialarbeiter: Man wolle Eltern und Kind möglichst nicht trennen.

Hätte aber hier nicht entschiedener eingegriffen werden müssen? Hätte das geschlagene, gequälte Kind nicht in Sicherheit gebracht werden müssen? In einem späteren Urteil gegen Bernd K. geht das Gericht davon aus, dass es höchstwahrscheinlich der 42-Jährige war, der Kevin so heftig misshandelt hat. Nachzuweisen ist es ihm nicht. Aber es passt zu dem, was später geschieht, den Vernachlässigungen und massivsten Misshandlungen, denen der Junge immer weiter ausgesetzt ist.

Nur gut zwei Monate nach dem alarmierenden Arztbesuch gibt es das nächste besorgniserregende Ereignis. Die Nachbarn der kleinen Familie an der Kulmer Straße in einem Stadtteil Bremens, der als sozialer Brennpunkt gilt, rufen am 23. November 2004 die Polizei. Sie sind entsetzt, weil Sandra K., zugedröhnt mit Drogen und Alkohol, im Treppenhaus schläft. Ihr Baby liegt neben ihr auf dem Boden und schreit; es hat Prellungen im Gesicht und ist auffallend schwach und sehr dünn. Die Polizei bringt den Jungen ins Krankenhaus, und von dort kommt er für fünf Tage in eine Einrichtung, die Kinder in Notsituationen aufnimmt. Danach erhalten die Mutter und Bernd K. den Säugling zurück. Sie haben versprochen, an Familienmaßnahmen teilzunehmen. Soll das reichen, bei diesen fragilen Verhältnissen, in denen das Paar lebt?

Die nächste alarmierende Situation wird bereits zwei Monate später bekannt, zu Beginn des Jahres 2005. Sandra K. muss für einige Zeit im Krankenhaus behandelt werden; in der Zeit ist Kevin allein in der Obhut von Bernd K., der ihn ganz offensichtlich mangelhaft ernährt. Ein Kinderarzt, der das Baby untersucht, stellt fest, dass der Junge nur etwa 7000 Gramm wiegt. Normal wären drei Kilo mehr. Kevin ist nur noch Haut und Knochen, und vor allem motorisch ist seine Entwicklung weit hinter dem üblichen Stand zurückgeblieben. Als die Mutter allerdings wieder zu Hause ist und sich um ihren Sohn kümmern kann, verbessert sich sein Zustand. Er nimmt wieder zu, seine Brüche scheinen gut verheilt zu sein.

Doch die ruhigere Phase im Leben des kleinen Kevin ist nur von sehr kurzer Dauer. Im Juni verliert Sandra K. ein Kind, mit dem sie schwanger gewesen ist – und fünf Monate später auch ihr eigenes Leben. Im November 2005 stirbt sie an einem Milzriss. Gegen Bernd K. wird vorübergehend ermittelt, ob er für den Tod seiner Lebensgefährtin verantwortlich ist. Doch weil die Organe der Frau durch den jahrelangen Drogenmissbrauch ohnehin sehr geschädigt sind, ist dem Mann keine Misshandlung nachzuweisen. Darüber hinaus wirkt der 42-Jährige angesichts des Todes seiner Freundin ernsthaft mitgenommen. Er wird sogar vorübergehend in eine psychiatrische Klinik eingewiesen.

Kevin kommt für diese Zeit erneut in die Einrichtung für Kinder in Not. Mit seinen fast zwei Jahren ist er weit hinter der Entwicklung zurück, die ein Kind seines Alters genommen haben sollte, und er ist auffällig dünn. Er kann noch nicht laufen und nur auf die Arme gestützt robben. Der Leiter der Notaufnahme, ein Sozialpädagoge, erinnert sich später im Prozess an eine „besorgniserregende Entwicklungsverzögerung" des Kindes. Kevin habe zudem verängstigt und schwach gewirkt, berichtet der Sozialpädagoge über das nunmehr zweiundzwanzig Monate alte Kind. Eine Physiotherapeutin nimmt Kevin als „ängstlich und verunsichert" wahr und beschreibt den Jungen als ein Kind mit einem „maskenhaften Gesichtsausdruck. Er schaut mit großen Augen jeden an." Das klingt nach einem Verhalten, das Fachleute auch „eingefrorene Wachsamkeit" nennen. Sie ist typisch für kleine Kinder in instabilen Verhältnissen, die stets übervorsichtig ihr Umfeld beobachten, um Stimmungsschwankungen ihrer Bezugspersonen sofort wahrzunehmen und sich so vor Wutausbrüchen zu schützen zu versuchen.

Die medizinischen Experten, die Kevin so dünn und verschreckt erlebt haben, hätten sich gewünscht, dass das Kind dem Bremer Kinderzentrum vorgestellt wird. Doch das Jugendamt ist anderer Meinung. Wiederum erhält Bernd K., nachdem er aus der psychiatrischen Klinik entlassen ist, das Kleinkind in seine Obhut zurück. Dieses Mal hat er dem Jugendamt erzählt, dass er mit Kevin zu seiner Mutter ins südliche Niedersachsen ziehen wolle. Aus Sicht der Behörde scheint das eine gute Lösung zu sein: ein kleiner Junge, der quasi als therapeutische Hilfe für den drogensüchtigen, durch das Leben stolpernden 42-Jährigen herhalten soll. „Das Kind sah man damals als Stütze der Familie", kritisiert Jahre später ein Verantwortlicher. Das Kind als Stütze? Es sollte doch wohl andersherum sein. Es sind die Kleinen, die alle Fürsorge und Schutz brauchen. Sie sind diejenigen, die sich nicht wehren können und ausgeliefert sind.

Im Haushalt seiner Mutter kommt Bernd K. nicht zurecht. Schon nach wenigen Wochen zieht der Mann zurück nach Bremen, Kevin hat er bei sich. Sein Leben hat der Ziehvater nun immer weniger unter Kontrolle, er rutscht sozial weiter ab, zieht sich noch stärker zurück. Das Geld ist extrem knapp, und die Süchte drücken. Bernd K. konsumiert immer mehr Alkohol, Tabletten und Drogen. Wenn er vorher schon nicht in der Lage gewesen ist, sich um den kleinen Jungen zu kümmern, wird die Situation nun für Kevin immer verheerender. Doch Bernd K. ist clever und ein geschickter Taktierer. Nach außen hin tut er so, als sei er um das Wohl des Kindes besorgt und bemüht. Seine Bewährungshelferin lässt sich von seinen Versprechungen blenden.

Und es kommt noch schlimmer: Ein Jugendamtsmitarbeiter, der nach dem Tod von Sandra K. zu Kevins Amtsvormund bestellt worden ist, greift nicht ein. Der kleine Junge werde schon nicht zu Schaden kommen, glaubt er. Vielleicht will er es auch glauben. Wider alle Vernunft?

Denn erneut wird Kevin erheblich misshandelt. Wann genau, wird nie herausgefunden. Es muss geschehen sein, nachdem Bernd K. mit dem mittlerweile knapp zwei Jahre alten Kind wieder zurück nach Bremen gezogen ist. Wochenlang gibt es keinerlei Kontrolle darüber, was der Mann dem Jungen antut.

Später, im Prozess, sagt ein Kumpel von Bernd K., Kevin habe Anfang 2006 ein trostloses Bild abgeben. „Er konnte nicht sprechen, gar nichts. Er hat nicht gelacht oder gebrabbelt. Er ist nicht gelaufen." Er habe sich Sorgen um das Kind gemacht, erzählt der Zeuge weiter. „Manchmal liefen ihm die Tränen, ich konnte aber nicht sehen, warum." Doch Bernd K. habe offenbar mit allen Mitteln verhindern wollen, dass der Junge in behördliche Obhut genommen und etwa zu Pflegeeltern gegeben wird. Er habe gesagt: „Wenn sie mir Kevin wegnehmen, wirst du aus der Zeitung davon erfahren." Ist das als Ankündigung eines medienwirksamen Protests zu verstehen? Denkt der Bremer womöglich an einen gewalttätigen, vielleicht auch bewaffneten Widerstand?

Noch geschehen seine brutalen Übergriffe auf seinen Ziehsohn in der Abgeschiedenheit der eigenen vier Wände. Erst als Bernd K. den Zweijährigen auf Anweisung und Druck des Jugendamts im Februar und März für einige Zeit zu einer Tagesmutter gibt, werden weitere Vernachlässigungen und Quälereien bemerkt. Die Tagesmutter sieht, wie mager und schwach der Kleine ist – so schwach, dass er noch nicht einmal einen leeren Löffel habe halten können. Bei einem Besuch am 17. März entdeckt sie zusammen mit einer Bekannten bei dem Jungen schwere Verletzungen: Im Genitalbereich hat er Quetschungen, und er kann nicht stehen. „Das rechte Bein war geschwollen und hatte eine andere Form angenommen. Wie eine Banane, gebogen“, erzählen die besorgten Zeuginnen später vor Gericht. Als sie einen provisorischen Verband entfernen, den Bernd K. offenbar dem Kleinen angelegt hat, erkennen die Frauen das schlimme Ausmaß der Verletzung. „Der Fuß war in einem unnatürlichen Winkel nach außen abgeknickt.“ Darüber hinaus hat der Junge diverse Hämatome. Die Frauen sind entsetzt und informieren unterschiedliche Personen, darunter auch das Jugendamt.

Doch dort sagt man ihnen, dass sie Kevin wieder an den Vater zurückgeben sollen. Man werde sich schon kümmern. Kümmern? Besprechungen, Empfehlungen, jede Menge Aktennotizen, Fallkonferenzen: Ja, es wird viel geredet und geschrieben in jener Zeit. Doch beherztes Eingreifen, echte Hilfe? Fehlanzeige. Was später, nach Kevins Tod, über diese Zeit zusammengetragen wird, liest sich wie der Bericht eines Versagens.

Es drängt sich der Verdacht auf, dass zum Beispiel Kosten und ein sehr enger Personalschlüssel im Jugendamt bei der Entscheidung eine Rolle spielen, Kevin solle bei dem Mann bleiben, den man für seinen leiblichen Vater hält. Die Sozialbehörden sind arbeitsmäßig überlastet, der Stadtstaat hat immer noch mehr Stellen eingespart. So wird der Junge zu einer Art Manövriermasse zwischen Behörden. Sein Wohl scheint hinter der Notwendigkeit von Sparauflagen und einem beängstigend engen Personalstand bei den Ämtern zurückzustehen.

Als Bernd K. im März und April 2006 mehrere Termine beim Amtsvormund nicht wahrnimmt und sich nicht bei seinem Case-Manager meldet, wird zwar eine sogenannte Hilfekonferenz unterschiedlicher Behörden eingerichtet. Sie soll eine engere Anbindung zu Vater und Sohn sicherstellen. Doch nach diesem Treffen am 20. April, zu dem man Bernd K. geladen hat und bei dem er ein vermeintlich fröhliches Kind präsentiert, toleriert man wie gewohnt seine Ausflüchte. Ebenso wird hingenommen, wie der Mann seine Tagesmutter mit ausländerfeindlichen Äußerungen schmäht. Mit der Frau, die aus dem arabischen Kulturkreis kommt, könne er nicht zusammenarbeiten, weil er „ein aufrechter Deutscher" sei, äußert Bernd K. bei der Konferenz. Stattdessen erklärt er sich bereit, Kevin regelmäßig in einen Spielkreis zu geben.

Dort bringt er den Jungen allerdings nicht hin, kein einziges Mal. Die nächste Zeit besteht aus Beschwichtigungen und Untertauchen. Mit dieser Taktik gelingt es Bernd K., dass er das Kleinkind über Monate niemandem zeigen muss. Seit diesem 20. April entzieht er es vollständig der externen Kontrolle.

Besuchsversuche durch den Amtsvormund scheitern, weil niemand die Tür öffnet. Eine Heilpädagogin der „Frühen Hilfen" versucht mehrfach, Kevin zu sehen. Niemand macht die Tür auf. Am 19. Juli schließlich öffnet Bernd K. ihr die Tür und behauptet, Kevin sei beim Schwimmen. Nach zwei Stunden des Wartens geht sie wieder. Später erklärt sie: „Ich habe Kevin nie gesehen." Ein weiteres Mal ist Bernd K. mit seinen Ausreden und Beschwichtigungen durchgekommen.

Auch vor der Schwester seiner verstorbenen Lebensgefährtin verbirgt Bernd K. den kleinen Jungen. Anfang Juli 2006 reist die Frau extra aus Köln an, um ihn zu sehen. Der Ziehvater tischt immer wieder erfundene Erklärungen auf, warum Kevin nicht zu Hause sei. Erst meint er, er habe sich im Tag geirrt, dann erzählt er, der Junge sei im Kindergarten und dort auf einem Ausflug. Also fährt sie unverrichteter Dinge wieder nach Hause.

Kevin bleibt unsichtbar.

Und am Telefon lassen sich die Sozialarbeiter weiter mit vagen Ausreden von Bernd K. abspeisen. Er lebe mit dem kleinen Jungen wieder bei seiner Mutter im südlichen Niedersachsen, behauptet er. Die Mutter allerdings, ergibt schließlich im September 2006 eine Nachfrage einer zuständigen Familienrichterin, würde ihren Sohn überhaupt nicht mehr aufnehmen. Seit dem letzten heftigen Streit vor Weihnachten hat sie Angst vor Bernd K. Und Kevin? Den hat Bernd K.s Mutter bereits seit dem Jahreswechsel nicht mehr gesehen.

Endlich! Endlich, läuten bei den Behörden die Alarmglocken, Konsequenzen sollen gezogen werden. Das Amtsgericht beschließt, dass der kleine Junge in Obhut genommen werden soll. Amtsvormund und die Gerichtsvollzieherin sollen dabei von der Polizei unterstützt werden. Man befürchtet Widerstand durch den als aggressiv bekannten Bernd K.

Nun also wird sogar das MEK mobilisiert, schwer bewaffnete Spezialisten, die die Behördenmitarbeiter schützen sollen. Aber den kleinen Jungen hat man vorher mit dem als gewaltbereit geltenden 42-Jährigen allein gelassen?

Polizei und Behördenmitarbeiter stellen bei ihrem Einsatz fest, dass die Tür zur Wohnung von Bernd K. mit einem Schuhschrank verbarrikadiert ist. Mit einer Ramme öffnet das MEK die Wohnung. Auf die Frage der Beamten: „Wo ist das Kind?“, sagt Bernd K. zunächst nur, dass er das „gar nicht sagen“ wolle. Auf weiteres Drängen stammelt er: „Es war ein Unglück.“ Und wenig später: „Er ist in der Küche.“ Als die Beamten Kevins Ziehvater kurz danach abführen, sagt Bernd K. noch zwei Sätze, bevor er in Schweigen verfällt: „Das Jugendamt trifft keine Schuld. Ich bin das Schwein.“

Das „Schwein“ also. Man könnte diesen Satz als – zu späte – Einsicht verstehen. Doch was Kevin widerfahren ist, die massive Gewalt, ist ein wahres Martyrium. Dieser Horror sprengt die Vorstellungskraft selbst von hartgesottenen Ermittlern. Die Polizei findet den kleinen, schmächtigen Körper des Jungen als Bündel in das unterste Fach des 141 mal 53 Zentimeter messenden Kühlschranks gepresst. Der Leichnam ist umgeben von Maden und Fruchtfliegen, eingewickelt in eine Gardine und eine Wolldecke sowie in drei gelbe Plastiksäcke. Der Junge trägt drei Windeln übereinander, eine kurze Hose und einen roten Pulli.

Was durch diese zahlreichen Schichten Kleidung und die weiteren Umhüllungen des Leichnams zunächst noch nicht zu erkennen ist: Der Körper des 83 Zentimeter kleinen Kindes weist etliche Knochenbrüche auf. Das ganze Ausmaß der Verletzungen wird erst bei der Obduktion deutlich. Experten der Hamburger Rechtsmedizin stellen insgesamt sechsundzwanzig Frakturen an unterschiedlichen Körperpartien fest, die alle auf Gewalteinwirkungen zurückzuführen sind. Allein am Schädel hat Kevin über die Jahre drei Knochenbrüche erlitten. Der rechte Oberarm ist ebenfalls dreimal gebrochen worden, das Gleiche gilt für beide Schienbeine. Auch die anderen Knochen der Extremitäten sowie die Rippen weisen zum Teil mehrere Frakturen auf. Kurz: Es gibt kaum einen Knochen in dem kleinen Körper, der nicht massiv traktiert wurde. „Wir haben selten ein so schwer misshandeltes Kind gesehen", sagen die erfahrenen Rechtsmediziner angesichts des Obduktionsergebnisses. Auch mit Drogen hat Bernd K. den kleinen Jungen vollgepumpt. Die forensischen Experten finden Spuren von Ritalin, Kokain, Methadon und Diazepam – also mehr oder weniger alles, zu dem Kevins Ziehvater Zugang hatte.

Einem ersten Gewaltausbruch war Kevin ausgesetzt, als er etwa acht Monate alt war. Die Brüche wurden damals in der Kinderklinik behandelt. Die nächsten, nach Überzeugung der Rechtsmediziner „misshandlungstypischen" Frakturen werden dem Jungen zugefügt, als er gerade zwei Jahre alt geworden ist. Schlimme Schmerzen, weitere Bewegungseinschränkungen – das Kind muss furchtbar gelitten haben. Es sind jene Misshandlungen, von denen die Tagesmutter zumindest einige entdeckt und darüber das Jugendamt informiert hat. Man stelle sich vor: Wenn die zuständige Behörde der Warnung der besorgten Frau gefolgt wäre, hätte Kevin sein weiteres Martyrium erspart bleiben können. Wenn man sich gekümmert hätte. Wenn er nicht aus dem Fokus der Behörde geraten wäre. Wenn man den Ziehvater nicht weiter hätte gewähren lassen.

Aber so ist der Junge, den seit dem 20. April niemand mehr außer Bernd K. zu Gesicht bekommen hat, erneut auf schwerste Weise misshandelt worden. Irgendwann im späten Frühjahr bricht der drogensüchtige Mann dem kleinen Kevin noch einmal vier Knochen. Und schließlich, Ende Juni oder Anfang Juli, kommt es zu weiteren fünf Frakturen. Eine davon führt zum Tod des Jungen. Er stirbt an einer sogenannten Fettembolie, nachdem sich das Mark aus den gebrochenen Knochen herausgelöst hat und über den Blutkreislauf in die Lunge geschwemmt wird. Kevins kleines Herz kann gegen den Widerstand der verstopften Lunge zuletzt nicht mehr ankämpfen. Todesursache: Lungenfettembolie. Das Herz versagt.

Versagen, das ist im Nachhinein ein viel bemühtes Wort im Fall Kevin. Auch der Bürgermeister von Bremen, wo der Junge starb, gebraucht den Ausdruck. Er meint damit die offiziellen Stellen der Stadt. „Ein unverzeihliches Versagen der zuständigen Behörden", nennt der Bürgermeister den Fall wenige Tage, nachdem der Tod des Zweijährigen bekannt wird. „Das dringend und zwingend Nötige ist nicht geschehen. Das wissen wir heute." Es waren Engpässe beim Personal und wohl auch Gleichgültigkeit, die dazu führten, dass eigentlich erforderliche Maßnahmen nur zögerlich oder gar nicht auf den Weg gebracht wurden und schließlich das furchtbare Schicksal von Kevin begünstigten.

Die Sozialsenatorin der Stadt tritt nach Kevins Tod zurück, der Leiter des Jugendamts wird vom Dienst suspendiert. Der Amtsvormund wird später angeklagt, wegen fahrlässiger Tötung durch Unterlassen. In seinem Prozess kommt zur Sprache, dass ein Amtsvormund damals bis zu 250 Mündel gleichzeitig betreuen musste. Die Zeit habe nicht ausgereicht, um sich um jeden Fall ausreichend zu kümmern. Es wird deutlich, dass die Betreuung nicht in der Wohnung der betroffenen Familien geschieht, direkt bei den Menschen, sondern vor allem vom Schreibtisch aus. „Warum sind wir damals im Stich gelassen worden mit unserer Verantwortung?“, fragt der frühere Amtsvormund im Prozess. Und er sagt, dass seit Kevins Tod „kein Tag vergangen“ sei, an dem er nicht an den Jungen und seine Verantwortung für ihn gedacht habe. Der Sozialarbeiter muss jahrelang in psychologische Betreuung. Das Verfahren gegen den Mann wird schließlich gegen 5000 Euro Geldbuße eingestellt.

Und Bernd K.?

Er wird im Jahr 2007 vor Gericht gestellt, gut ein Jahr nach Kevins Tod. Im Prozess sitzt ein Mann von kräftiger Statur, mit graumeliertem, schulterlangem Haar, mit unbewegtem Gesicht und starrer Körperhaltung. Bernd K. ist derjenige, der als Einziger sagen könnte, was genau mit Kevin in den letzten Wochen seines kurzen Lebens geschah und wann er gestorben ist. Doch der Angeklagte, dem die Staatsanwaltschaft Mord an dem Zweieinhalbjährigen vorwirft, schweigt. Es ist sein Recht, das zu tun.

Und so werden über Monate hinweg insgesamt 85 Zeugen gehört, davon 25 überwiegend medizinische Sachverständige, um die Puzzleteile im „Fall Kevin“ zusammenzusetzen. Etliche Teile gibt es indes überhaupt nicht, vor allem seit dem 20. April 2006 nicht mehr. Es ist jener Tag, als zum letzten Mal ein anderer als Bernd K. den kleinen Jungen zu Gesicht bekommen hat. Immer wieder schildern Zeugen im Verfahren die Zeichen von Gewalt und Vernachlässigung, die sie bei Kevin wahrgenommen haben. Sie beschreiben die Beschwerden, die der Junge allein beim Krabbeln hatte, die motorischen Verzögerungen, seine schmächtige Gestalt. Eine Frau erzählt beispielsweise: „Meine zweite Tochter ist jetzt acht Monate alt und kräftiger, als es Kevin damals mit zwei Jahren war." Ärzte berichten von den vielfältigen Frakturen und ihrem Verdacht, dass es sich um Kindesmisshandlung gehandelt habe. Sozialarbeiter verweisen darauf, die Hoffnung gehabt zu haben, dass durch eine engmaschige Kontrolle der Familie Misshandlungen des kleinen Jungen hätten verhindert werden können. Andere Zeugen erzählen von ihren Begegnungen mit Bernd K., mehrere Bekannte beschreiben ihn teilweise als ausländerfeindlich, jedenfalls als aggressiv. Und eine Nachbarin hat ihn zu Kevin sagen hören: „Wenn du nicht ruhig bist, reiße ich dir gleich den Arsch auf."

Am 5. Juni 2008, nach neunundzwanzig Verhandlungstagen, wird das Urteil gegen den Ziehvater gesprochen. Die Kammer verurteilt den Angeklagten nicht wegen Mordes, so wie es die Staatsanwaltschaft beantragt und dafür dreizehn Jahre Freiheitsstrafe gefordert hat. Die Kammer erkennt auf zehn Jahre Haft wegen Körperverletzung mit Todesfolge in Tateinheit mit Misshandlung von Schutzbefohlenen. Sie spricht von „rohen" und „massiven Misshandlungen" des Jungen durch den Angeklagten über eine längere Zeit. Allerdings könne Bernd K. ein Tötungsvorsatz nicht nachgewiesen werden, schließlich starb Kevin nicht unmittelbar durch die Misshandlungen. „Die Gewalteinwirkung allein hat nicht gereicht, das können wir sagen", erläutert der Vorsitzende Richter. „Wie viel Zeit zwischen der Verletzung und dem Tod lag, ist unklar. Es können Minuten gewesen sein, aber auch Stunden und Tage."

Beim Strafmaß wird berücksichtigt, dass eine verminderte Steuerungsfähigkeit von Bernd K. zur Tatzeit nicht ausgeschlossen werden kann. Ein psychiatrischer Sachverständiger hat von einem „Abhängigkeitssyndrom schwerster Ausprägungsform" gesprochen, hervorgerufen unter anderem durch Kokain und Heroin. Zudem habe die Persönlichkeit des 42-Jährigen „dissoziale Züge". Eine krankhafte seelische Störung liege vor. Im letzten Wort hat Bernd K. nach monatelangem Schweigen gleichwohl von „drastischer Reue" gesprochen. Er wisse nicht, wie „das mit Kevin" habe passieren können, stammelt er.

Doch das nimmt ihm das Gericht nicht ab. „Ich glaube dem Angeklagten nicht, dass er nicht weiß, was passiert ist", sagt der Vorsitzende Richter. Früheren Beteuerungen von Bernd K. etwa gegenüber Ärzten, Kevin habe sich seine ersten Knochenbrüche im Herbst 2004 selber zugefügt, als er im Kinderbettchen heftig gestrampelt habe und zwischen die Streben geraten sei, sei jedenfalls nicht zu glauben. „Das Kind hatte nicht die Kraft, sich solche Brüche zuzufügen", resümiert der Richter. Später habe Kevin „weitere Frakturen und Gewalt durch den Angeklagten" erleiden müssen. Der

Junge habe „erhebliche Beschwerden gehabt und sehr gelitten". Doch sein Ziehvater habe es „unterlassen, medizinische Hilfe zu holen". Auch andere Beteiligte im Leben von Kevin hätten viel zu lange geschwiegen oder nicht beherzt genug eingegriffen.

Über die Tagesmutter und deren Bekannte, die Kevins Bein als „krumme Banane" geschildert und sich erschüttert ans Jugendamt gewandt hatten, sagt der Richter, sie seien „leider" nicht ausreichend ernst genommen worden. Das Wort „leider" betont der Richter sehr deutlich. Die Situation hätte vielleicht ein Wendepunkt im Leben von Kevin sein können. Das sei allerdings versäumt worden, ebenso wie die Fallkonferenz im April 2006, trotz höchster Alarmstufe, nichts im Leben von Kevin zum Besseren geändert habe. Im Gegenteil. Es wurde alles nur noch schlimmer. Erst als Bernd K. über den Sommer 2006 sich allen Maßnahmen entzog und regelrecht abtauchte, sei der „Ball endlich ins Rollen gekommen" und Kevin hätte abgeholt werden sollen. Da war der Junge längst elendig gestorben.

An den Angeklagten gewandt sagt der Vorsitzende Richter eindringlich: „Sie müssen mit dieser Schuld fertig werden."

An anderer Stelle und bei anderer Gelegenheit geht es weniger um Schuld. Es herrschen Trauer, Entsetzen, Fassungslosigkeit. „Kevin hatte sein Leben doch noch nicht gelebt. Er war noch so klein", sagt eine Pastorin im November 2006 bei der Trauerfeier für den Zweijährigen. Kevins kleiner weißer Sarg ist über und über mit Blumen geschmückt. An einem Ende wacht ein Teddybär.

Zu der Beerdigung des Jungen sind etwa zwanzig Menschen gekommen, einige von ihnen haben Kevin nicht gekannt, aber das Schicksal des kleinen Jungen berührt sie. Sie singen „Der Mond ist aufgegangen“, sie stehen an dem Grabstein mit dem an der Oberseite eingravierten Vornamen und der Jahreszahl. An den Seiten des Granitblocks befinden sich ein Mond, drei Sterne – und ein Schmetterling. Diese Tiere symbolisieren die Seele. Für den Seelenfrieden des kleinen Kevin ist das viel zu spät.

Vermisste Kinder

Mehr als 1800 Kinder gelten in Deutschland als vermisst, heißt es beim Bundeskriminalamt. Die gute Nachricht: Etwa 99 Prozent der vermissten Kinder und Jugendlichen kommen schnell zurück. Aber in Einzelfällen entsteht eine dramatische Situation, wenn die Kinder nicht gefunden werden. Diese außerordentliche Dramatik ist verbunden mit Namen wie etwa Maddie, Hilal, Jessica.

Allgemein gilt für Vermisstenzahlen allein in einer Großstadt wie Hamburg in etwa Folgendes: Es gibt zirka 2000 Vermisstenmeldungen pro Jahr. Die Erledigungsquote durch Rückkehr beträgt etwa 95 Prozent. Durch polizeiliche Ermittlungen werden rund zwei Prozent der Fälle aufgeklärt, durch das Auffinden als Leichnam etwa 2,5 Prozent. Letztlich bleiben 0,5 Prozent der Fälle ungeklärt.

Der Weiße Ring betreut eine zweistellige Zahl von Angehörigen als Opfer, deren Kinder vermisst werden. Manche Kinder sind schon sehr lange verschollen. Die Angehörigen müssen stabilisiert werden, viele können in dieser Situation nur sehr erschwert noch ihr eigenes Leben leben. Insgesamt ist dies eine äußerst bedrückende Situation für die Zurückbleibenden.

Der Zeitfaktor spielt eine große Rolle, wenn ein Kind verschwindet. Je jünger eine Person ist, desto niedriger ist die Einschreitschwelle für die Polizei, oder anders gesagt: desto unmittelbarer und intensiver wird gesucht. Dieser Grundsatz gilt übrigens auch für alte oder gebrechliche Menschen.

Nach den Richtlinien der Polizei gelten Minderjährige als vermisst, wenn sie ihren gewohnten Lebenskreis verlassen oder wenn ihr Aufenthaltsort unbekannt ist. Gleiches gilt, wenn sie Opfer einer Kindesentziehung im familiären Bereich geworden sind, möglicherweise mit einem neuen Aufenthaltsort beim Ehepartner im Ausland. Bei Minderjährigen wird die Polizei stets sofort tätig. Es bedarf keiner Annahme einer Gefahr für Leib und Leben des Kindes.

Nach den Erfahrungen der Polizei gibt es für Minderjährige zum Teil nachvollziehbare Gründe für ein Vermisstsein beziehungsweise Weglaufen aus dem Elternhaus. Beispielhaft können Streunen oder Abenteuerlust genannt werden, eventuell auch Entweichen aus einem Heim, weiterhin Familienstreit, Furcht vor Strafe oder Schande, eventuell Schwierigkeiten in der Schule, schließlich Alkohol- oder Drogenprobleme. Freitodabsichten und psychische Erkrankungen spielen hier eine eher untergeordnete Rolle.

Bei Sektionsfällen in der Rechtsmedizin wurde wiederholt die sehr bedrückende und kaum verständliche Erfahrung gemacht, dass Kinder unter Umständen verschwinden, ohne dass dies überhaupt bemerkt wird. Erwähnt sei beispielsweise das Mädchen Jessica, welches von ihren Eltern mehr als ein Jahr weggesperrt wurde, ohne dass die Behörden das „Fehlen“ des Kindes registriert haben. Verstörend auch die Situation bei Kevin, der als Leichnam monatelang im Kühlschrank lag, bis die Polizei die Wohnung des vermeintlichen Vaters aufbrach.

Zu beachten ist, dass bei verschwundenen Kindern der Täter nicht selten im Bereich der Familie zu suchen ist. Der Fremde, der ein Kind entführt, stellt hier eher die Ausnahme dar. Andererseits finden derartige Fälle eine besondere öffentliche Beachtung. So kommt es immer wieder einmal vor, dass ein Baby im Kinderwagen in einem unbeobachteten Augenblick einfach weggeschoben und „gestohlen“ wird.

Nicht nur Belgien, sondern ganz Europa erschüttert hat der Fall des Kinderschänders und Mörders Marc Dutroux, der sechs Mädchen entführt und gefangen gehalten hat. Vier von ihnen starben qualvoll in ihrem Verlies. Dutroux verscharrte die Leichen seiner Opfer mit einem Bagger auf seinem Grundstück, nur zwei Mädchen konnten lebend gerettet werden. International bekannt wurde auch der Fall von Natascha Kampusch, die 3096 Tage von ihrem Peiniger in einem Kellerverlies eingesperrt wurde. Das damals zehnjährige österreichische Mädchen wurde am 2. März 1998 in Wien auf dem Schulweg von ihrem Entführer in einen Lieferwagen gezerrt.

Hingewiesen sei auf Fälle von Familientragödien, bei denen Kinder zum Teil jahrelang eingesperrt wurden und völlig aus dem Blickwinkel der Öffentlichkeit verschwanden. Durch fortgesetzten Inzest wurden in solchen Situationen sogar Kinder geboren. In Niederösterreich hat beispielsweise Josef Fritzl seine Tochter von 1984 bis 2008 in einer unterirdischen Wohnung gefangen gehalten. Während dieser Zeit missbrauchte er sie ständig, sodass sie sieben Kinder gebar, von denen er drei ebenfalls unterirdisch versteckte.

Speziell in solchen Situationen sind DNA-Untersuchungen erforderlich, um die familiäre Situation und die Frage von Vaterschaft und Mutterschaft aufzuklären.

***

Die „Initiative vermisste Kinder e.V.“ (www.vermisste-kinder.de) unterstützt betroffene Eltern und macht sich dafür stark, dass kein verschollenes Kind vergessen wird. Die Initiative ist seit 2005 Mitglied im Global Missing Childrens Network (GMCN) des International Center for Missing and Exploited Children.

Der lange Schatten des Krieges

Krieg ist mörderisch. Er ist brutal, und jeder weiß, wie zerstörerisch er sein kann. Doch es gibt Dinge, die auch ein Krieg nicht auslöschen kann. Liebe gehört dazu, Sehnsüchte gehören dazu. Und der Krieg kann nicht verhindern, dass mehr als siebzig Jahre später noch kleine Wunder geschehen. Dass ein Vermisster wiedergefunden wird – und am Ende mit seiner großen Liebe vereint ist. Das Wiedertreffen gelingt spät, zu spät, unglücklicherweise. In einer gemeinsamen Grablage, Seite an Seite, kommt das Liebespaar wieder zusammen. Erst im Tod. Das gehört zu den traurigen Wahrheiten des Krieges – und dieser Geschichte.

Als die junge Elisabeth Hansen am Nachmittag des 27. März 1945 ihren Mann Olaf in Elmshorn zum Bahnhof bringt, ist ihr Herz schwer, weil ihre große Liebe als Soldat wieder an die Front zurück muss. Und zugleich ist sie voller Hoffnung und glücklich, weil sie von ihm ein Kind erwartet. Und weil er ihr zum Abschied verspricht: „Ich komme wieder." Es sind gewichtige Worte, ein Versprechen. Sie wirken wie eine Beschwörung, gerade in diesen Zeiten, wenn im nächsten Moment eine Kugel, eine Bombe alles aufwühlen und zerreißen kann.

Olaf Hansen ist als Pilot in ganz Europa für das Seeaufklärungsgeschwader 126 im Einsatz. Er schreibt seiner Liebsten glühende, leidenschaftliche und sehnsuchtsvolle Briefe. Was zuletzt zu seinen Aufgaben in der Fliegerstaffel gehört, verschweigt er seiner Elisabeth allerdings. Es ist eine sehr gefährliche Mission, eine der gefahrvollsten überhaupt in diesem Krieg. Denn er soll mit seinem Flugzeug feindliche Maschinen im Flug rammen und zum Absturz bringen, danach soll er mit dem Fallschirm abspringen. Es ist eine Art Kamikaze-Einsatz, bei dem die Wahrscheinlichkeit, dass der deutsche Pilot überlebt, ziemlich gering ist. Auf ihn wartet womöglich das Schicksal, irgendwo in der Fremde abzustürzen, wo einen niemand kennt und identifizieren kann. Wo die Identität ungeklärt bleibt. Wo niemand die Angehörigen informieren kann.

Vermisst – ein sehr häufiges, trauriges Schicksal im Krieg. Die Daheimgebliebenen haben oft nicht einmal erfahren, wo genau ihr Angehöriger zuletzt eingesetzt war, auf welchem Schlachtfeld, an welcher Waffe, gegen welchen Gegner. Sie wissen nicht, ob er vielleicht in einem Lazarett liegt oder in Kriegsgefangenschaft geraten ist. Die Angehörigen hoffen verzweifelt auf eine Nachricht ihres Ehemanns, Bruders oder Sohnes, auf ein Lebenszeichen. Und sie laufen wieder und wieder zur Post oder zum Bahnhof, weil es vielleicht doch noch sein könnte, dass er wie durch ein Wunder überlebt hat.

Das Warten ist zermürbend, die Unsicherheit quälend. Irgendwann muss jeder Gewissheit bekommen dürfen, um einen Abschluss zu finden.

Sehr, sehr lang hatte Elisabeth Hansen die Hoffnung nicht aufgegeben, ihren verschollenen Mann doch noch zu finden.

Er ist ihre große Liebe, seit die jungen Leute sich am 30. August 1942 in einem Zugabteil begegnet sind. „Den oder keinen", ist sich Elisabeth sicher. Und auch Olaf ist vollkommen verzaubert von Lieschen, wie er sie bald nennt. „Solang die Welt besteht, hat es, glaub ich, noch keinen Mann gegeben, der durch eine Frau so glücklich gemacht wurde, wie du es mit mir gemacht hast, machst", schreibt der junge Mann in einem seiner zahlreichen leidenschaftlichen Briefe von der Front an seine Braut. Sie heiraten knapp zwei Jahre, nachdem sie sich kennengelernt haben, am 25. Juni 1944. Zusammen mit Olafs Bruder Enno feiern die 21-Jährige und ihr Liebster eine Doppelhochzeit, trotz einer Warnung einer Arbeitskollegin, die unheilvoll prophezeit: „Doppelhochzeiten bringen Unglück."

Dieser Satz erfüllt sich auf tragische Weise. Olaf Hansens Bruder stirbt bereits drei Monate nach der Trauung im Luftkampf über Frankreich. Und Olaf selbst? Er hat per Post erfahren, dass er Vater wird. Danach erhält seine Frau noch zwei Briefe von ihm. Doch seit dem 4. April 1945 hört Elisabeth nichts mehr von ihrem Mann. „Nun begann mein Warten auf Olaf. Von meinem Vater und meinem Bruder Walter wussten wir, dass sie den Krieg sogar gesund überlebt hatten, nur von Olaf keine Nachricht. Deutschland war völlig zusammengebrochen, keine Möglichkeit, etwas über vermisste Soldaten zu erfahren", schreibt sie später in ihren Erinnerungen.

Die Hoffnung, ihn doch noch wiederzusehen, versiegt lange nicht. Viele Monate nach Kriegsende geht die junge Mutter noch zwei-, dreimal in der Woche zum Elmshorner Bahnhof, um nachzusehen, ob unter den heimkehrenden Soldaten nicht doch ihr Olaf ist. Ihre gemeinsame Tochter Ulrike ist im Kinderwagen stets mit dabei. Das Kind, das der Luftwaffensoldat nie in den Arm nehmen konnte. Die Tochter, die ihren Vater nie kennenlernen wird.

Das Letzte, was Elisabeth über ihren Mann in Erfahrung bringen kann, ist sein offenbar finaler Einsatz. Am 7. April fliegt er am Steuer einer Messerschmidt Bf 109, einem deutschen Jagdflugzeug, ein besonders gefährliches Manöver. Anzunehmen ist, dass Olaf Hansens Maschine im Luftkampf getroffen wurde – und dass er eine Notlandung in der Nähe von Celle versucht hat.

Der Versuch einer Notlandung und danach keinerlei Lebenszeichen mehr: Solche Informationen können alle Illusionen rauben. Und irgendwann ist der Realismus stärker als die Hoffnung.

Gut viereinhalb Jahre nach Ende des Zweiten Weltkriegs, am 7. Januar 1950, lässt Elisabeth Hansen ihren Mann für tot erklären. Später heiratet sie erneut. Während der zweiten Ehe treibt sie ihre Suche nach ihrer großen Liebe Olaf nicht weiter voran. Es dauert fast drei Jahrzehnte und bis nach dem Tod ihres zweiten Gatten, ehe sie ihre Nachforschungen wieder aufnimmt. Sie bekommt bei ihrer Suche Verbündete, die Olaf Hansen zwar nicht gekannt haben, die das Schicksal des Vermissten und seiner Frau aber gleichwohl brennend interessiert. Es sind zwei Männer, die in ihrer Freizeit nach verschollenen Weltkriegspiloten und Flugzeugen suchen. Und es sind darüber hinaus mehrere Rechtsmediziner, die um die enorme, unter Umständen heilende Bedeutung einer sicheren Identifizierung wissen.

Um das Schicksal eines Verschollenen zu klären, kann die Rechtsmedizin einen entscheidenden Beitrag leisten. Sie kann dem Vermissten eine Identität wiedergeben, einen Namen – und seinen Angehörigen zu einem Grab und einer Trauerstelle verhelfen, an der sie des geliebten Menschen gedenken können.

So mancher, der vielleicht jahrzehntelang nach einem Angehörigen gefahndet hat, kann mit der echten Trauerarbeit erst beginnen und kommt erst zur Ruhe, wenn das Schicksal des Vermissten geklärt ist. Manchmal, wenn viele Jahre der Unsicherheit einen verzagt gemacht und zermürbt haben, kann die Gewissheit des Todes tatsächlich eine Erleichterung sein.

Und so gelingt mit der Hilfe von Elisabeth Hansens Verbündeten das Wunder: Endlich, mehr als zweiundsiebzig Jahre nach seinem letzten Lebenszeichen, wird Olaf Hansen gefunden. Er wird identifiziert und kann schließlich am 8. September 2018 im Kreis seiner Nachfahren in eine letzte Ruhestätte gebettet werden. Es ist eine würdige Zeremonie, eindrucksvoll und feierlich. Und vieles lässt diese Beerdigung zu einer Besonderheit werden, geradezu einzigartig. Der Bestatter will kein Geld, der Sarg ist klein, und unter den Gästen ist niemand, der Olaf Hansen gekannt hat. Und doch stehen ihm und seinem Schicksal alle Anwesenden nahe. Es sind jene Menschen, die mit ihrem Können und ihrem Wissen, mit Überzeugung und Enthusiasmus dieses außergewöhnliche Ereignis möglich gemacht haben.

Die Stimmung der Trauergemeinde ist gelöst, ja beinahe heiter. „26 453 Tage nach seinem Tod ist Olaf zu seiner großen Liebe zurückgekommen“, sagt ein Nachfahre des Mannes. Und die Pastorin meint: „Wir erleben heute eine rechtsmedizinische Sensation.“

Damit diese überhaupt möglich wurde, bedurfte es des Engagements von Zivilisten, die sich für verschollene Flugzeuge und vermisste Piloten interessieren. Werner Oeltjebruns ist so einer, seit er als 16-Jähriger gemeinsam mit Freunden sein erstes abgestürztes Flugzeug in einer dicken Moorschicht in Achternmeer bei Oldenburg gefunden hat. Das Erlebnis im Jahr 1975 prägt ihn für sein ganzes Leben. Oeltjebruns sammelt Unterlagen über verschwundene Flieger und macht sich selber auf die Suche nach ihnen. Dafür gründet er den Verein „Flieger, Flugzeuge, Schicksale“. „So wurde mir dann irgendwann Ende der 80er-Jahre das Schicksal von Olaf Hansen bekannt, das mich mehr und mehr zu interessieren begann“, sagt er. Bei seinen Nachforschungen fällt dem Hobby-Historiker die Telefonnummer von Elisabeth Hansen in die Hände.

Die Elmshornerin, die mittlerweile ihren zweiten Mann verloren hat, wird von einer übermächtigen Sehnsucht nach ihrer großen Liebe Olaf erfüllt. „Es ist eine wahnsinnige Sehnsucht nach all dem, was plötzlich unterbrochen wurde, was ich verdrängt habe, um einigermaßen überleben zu können“, schreibt sie. In ihrem Tagebuch richtet sie innige Worte an ihren verschollenen Traummann: „Bist du in der Nähe, bist du bei mir? Beeinflusst du mein Denken und Fühlen, mein ganzes Leben in den letzten Wochen?“

Am 21. Mai 1993 telefonieren Oma Elisabeth und Werner Oeltjebruns zum ersten Mal. Es ist der Beginn einer Schicksalsgemeinschaft – und einer langen, beständigen Suche nach dem Vermissten.

Wer etwas lange Unauffindbares doch noch entdecken möchte, braucht Beharrlichkeit. Und er braucht Glück. Für Elisabeth Hansen, die ihre verschollene große Liebe wiederfinden möchte, und für ihre emsigen Unterstützer bringt ein Zufall den Durchbruch bei ihren Bemühungen. Ein Rentner, der über den flugzeugbegeisterten Werner Oeltjebruns und seinen Verein liest, nimmt am 29. Juli 2015 Kontakt zu ihm auf. Rentner Hermann Luemann erzählt ihm, dass er als kleiner Junge im Krieg miterlebt hat, wie unweit seines Heimatorts im Landkreis Gifhorn ein Flugzeug auf einem Acker abstürzte. Er habe das Wrack gesehen und auch den toten Piloten. Dieser Anblick habe ihn nie wieder losgelassen. „Ich weiß auch, wie der Pilot heißt“, sagt Rentner Luemann. „Es stand im Kragen seiner Uniform. Ich werde diesen Namen nie vergessen. Er hieß Oberleutnant O. Hansen.“ Oeltjebruns bleibt für einen Moment die Luft weg. Das ist der Hinweis, auf den er jahrelang hingearbeitet, dem er entgegengefiebert hat.

Ebenso wie Elisabeth Hansen. Sie ist inzwischen zweiundneunzig Jahre alt und noch rüstig, in die Suche nach ihrem verschollenen Mann hat sie mittlerweile ihren Enkel Meik intensiv eingebunden. Meik und Oeltjebruns besorgen sich in den kommenden Monaten amerikanische Luftaufnahmen aus dem Jahr 1945 von Olafs vermeintlicher Absturzstelle auf dem Acker und vergleichen sie mit aktuellen Luftbildern. Sie entdecken eine Auffälligkeit, die sie intensiver recherchieren lässt. Ein Sucher-Freund wird gebeten, sich den Acker einmal genau anzusehen. Dieser beginnt zu graben und findet prompt Wrackteile einer Me 109.

Für Elisabeth Hansen kommt die frohe Botschaft, dass ein entscheidendes Puzzleteil bei der Suche nach ihrem Olaf gefunden wurde, tragischerweise dreißig Stunden zu spät. Ihr Herz hat versagt, bevor sie die wunderbare Nachricht hätte empfangen können. Ihre Familie tut, was unter diesen Umständen möglich ist, um die Verstorbene ihrem Mann doch noch möglichst nahe zu bringen: Ein Wrackteil von Olafs Flugzeug kommt in Elisabeths Grab.

Doch wo ist der Pilot? Wo ist Olaf Hansen? Oeltjebruns und Meik entdecken bei Recherchen über Friedhöfe in der Umgebung schließlich das Grab eines unbekannten Soldaten, bei dessen Umbettung im Jahr 1964 Reste eines Fallschirms gefunden wurden. Auch vermerkte das Umbettungsprotokoll, dass der verstorbene Soldat eine Luftwaffenuniform getragen habe, dass sein Skelett stark zertrümmert gewesen sei und er zum Zeitpunkt des Todes zwischen zweiundzwanzig und fünfundzwanzig Jahre alt gewesen sein muss. Meik beantragt die Exhumierung, setzt sich nach zähen Widerständen, die ihm die Bürokratie und der Bürgermeister der Gemeinde entgegenbringen, durch. Am 24. April 2017 ist es so weit, dass das Grab ausgehoben und der dort bestattete Leichnam untersucht werden soll. Dafür braucht es Experten aus der Rechtsmedizin des Universitätsklinikums Hamburg-Eppendorf. Dort hat man sich unter anderem darauf spezialisiert, Langzeitvermisstenfälle professionell zu untersuchen; dazu zählen besondere Grabungstechniken, eine sorgfältige Erfassung von Begleitfunden und vor allem spezielle Laboruntersuchungen im Hinblick auf die DNA-Identifikation.

Der Biologe Oliver Krebs und die Anthropologin Eilin Jopp-van Well sichern bei der Exhumierung etliche unterschiedlich große Knochen. „Ein nahezu vollständiges Skelett", sagt Oliver Krebs. Er und die Anthropologin bestätigen: „Alles passt zusammen: das Alter, das Geschlecht."

Noch am Grab nimmt Oliver Krebs eine DNA-Probe von Ulrike, der Tochter, mit der Elisabeth am Ende des Zweiten Weltkriegs schwanger war. Es wird ein Vaterschaftstest nach zweiundsiebzig Jahren. Knapp sechs Wochen später ist das Ergebnis eindeutig: Der Mann in dem Grab ist Olaf Hansen.

Sie haben ihn gefunden. Sie können ihn neben seiner geliebten Frau beerdigen. Und alle, die an diesem Wunder beteiligt sind, sind sich einig: Es lohnt sich, die Hoffnung nie aufzugeben.

Ein anderer Mann hat immer daran geglaubt, einen im Zweiten Weltkrieg verschollenen Angehörigen eines Tages wiederzufinden. Er hat sich sein Leben lang dafür eingesetzt. Rund siebzig Jahre nach Ende des Krieges werden seine Mühen endlich belohnt, sein Lebenstraum geht in Erfüllung: Der Italiener Franco Roscini kann seinen seit Jahrzehnten vermissten Vater endlich in seiner Heimat beerdigen, auch hier geschieht dies Seite an Seite mit dessen geliebter Frau.

Sieben Jahrzehnte lang hatte die Familie verzweifelt nach Alberto Roscini gesucht, der am letzten Tag des Zweiten Weltkriegs gefallen und anonym bestattet worden war. Seinen kleinen Sohn Franco hatte der 37-Jährige zu diesem Zeitpunkt schon mehr als drei Jahre nicht mehr gesehen. Der Junge war mittlerweile sechs. Nach Albertos Tod forscht dessen Witwe Lidia beharrlich nach dem Verbleib ihres verstorbenen Mannes. Sie schreibt unzählige Briefe an Behörden und sogar an den Vatikan. Sie erhält Hinweise, die auf eine Spur in das deutsche Bensberg führen. Doch bis zu ihrem Tod 1986 erhält die trauernde Frau keine wirklich präzisen Angaben. Nun verfolgt ihr Sohn Franco beharrlich weiter das Ziel, seinen Vater aufzuspüren.

Es ist das Jahr 2000, als er schließlich erfährt, dass die Gebeine von anonym beerdigten italienischen Soldaten nach Hamburg auf den Öjendorfer Friedhof umgebettet worden sind. Weitere Recherchen führen zu zehn möglichen Gräbern; in einem von ihnen soll Franco Roscinis Vater liegen. Aber in welchem?

Dies ist der Moment, in dem das Hamburger Institut für Rechtsmedizin den Fall übernimmt und die Toten aus den zehn Gräbern exhumiert. „Gerichtsmediziner suchen nicht nur Mörder, sondern es gibt auch Opfer, hinter denen eine Familie steht und denen wir helfen können“, ist eine wichtige Motivation für die Arbeit der forensischen Experten. „Es ist fantastisch, dass man durch die Untersuchung von Gebeinen einer ganzen Familie ihren Frieden geben kann."

Es ist ein trüber, nasskalter Dezembertag des Jahres 2014, als die zehn historischen Gräber geöffnet und zahlreiche Knochen freigelegt werden. Auf diesen Moment hat Franco Roscini viele Jahre gewartet. Der mittlerweile 78-Jährige bricht in Tränen aus, als eine Anthropologin in einem der zehn Gräber neben Knochen und einem Schädel unter anderem zwei Löffel, Reste eines Kamms sowie einen Füller entdeckt. Genau diese Gegenstände haben seinem Vater gehört. Ein DNA-Abgleich soll Gewissheit bringen, ob dieser Tote nun wirklich der vermisste Alberto Roscini ist.

Nach Wochen ist es so weit. Und der Rentner ist überglücklich, seinen Vater endlich in Perugia, seiner Heimatstadt, zur letzten Ruhe betten zu können. Es wird eine festliche Zeremonie, mit vielen Reden und vielen Tränen. Schließlich wird ein kleiner Sarg, geschmückt mit einer italienischen Flagge, gesegnet und auf dem heimischen Friedhof im Familiengrab beerdigt. Der Weltkriegssoldat wird neben seine Frau gebettet.

Ebenso wie Elisabeth Hansen in Elmshorn und Franco Roscini in Italien weiß eine andere Frau genau, wie belastend und lähmend es sich anfühlt, wenn ein geliebter Angehöriger verschollen ist. Wenn man kein Grab hat, an dem man trauern kann. Für Judith Friedmann war es einundsiebzig Jahre lang ein bedrückender Schwebezustand. Bis sie endlich etwas Greifbares, für sie unendlich Wertvolles bekommt: eine Ruhestätte für ihren Vater im Kreis seiner Familie, und das sogar auf geweihtem Boden in Jerusalem. „Es ist unglaublich“, sagt sie. „Es ist ein Wunder. Ich habe meinen Vater wieder!“

Eine Schwarz-Weiß-Fotografie, die sie als kleines Mädchen auf dem Arm ihres Vaters zeigt, und einige wenige, kaum greifbare Erinnerungen: Das ist alles, was Judith Friedmann über lange Zeit von ihrem Vater Eugen Rauchwerger geblieben ist. Im Alter von drei Jahren hat sie ihn zuletzt gesehen. 1944 wurde er als ungarischer Jude von den Nazis seiner Heimat entrissen und in das Konzentrationslager Neuengamme deportiert – und bleibt auf ewig verschollen, wie sie glaubt.

Ihr Vater stammte aus einer kleinen ungarischen Stadt an der Grenze zur Slowakei, er war Chemiker. Sie wurde drei Jahre nach der Eheschließung der Eltern geboren, zwei Jahre darauf kam ihr Bruder zur Welt. Als sie drei Jahre alt war, im Jahr 1944, drängte die Großmutter die Eltern, unbedingt auszuwandern.

Doch der Vater glaubte, dass er und seine Familie noch sicher seien. „Da nahm meine Großmutter mich zu sich. Sie hat mich aus dem Kindergarten abgeholt und mich versteckt“, erzählt Judith Friedmann. Das war ihre Rettung. In jener Zeit wurden die Mutter und der kleine Bruder, damals ein Säugling, nach Auschwitz deportiert, wo beide getötet wurden; der Vater kam etwa zur gleichen Zeit erst in das Konzentrationslager Buchenwald, dann weiter nach Bergen-Belsen und schließlich nach Hamburg-Neuengamme. Dort wurde er getötet. Das weiß Judith Friedmann. Und sie geht fest davon aus, dass sein Leichnam anschließend verbrannt wurde, wie fast alle anderen getöteten Häftlinge in Neuengamme.

Das kleine Mädchen Judith wurde unterdessen von der Großmutter unter Lebensgefahr außer Landes geschmuggelt, später kamen sie als Flüchtlinge nach Paris, dann nach Wien und schließlich in die Schweiz, wo sie heiratete.

An ihren Vater erinnere sie sich kaum, sagt Judith Friedmann. Sie wusste nur, dass er kurz vor Kriegsende verstorben war.

Bei einer Familienfeier Anfang 2016 in Israel besuchte sie das Grab der Großmutter. Auch der Name von Vater und Mutter standen auf dem Grabmal. Der Zufall wollte es, dass sie etwa zur selben Zeit auf eine Information des „International Tracing Service" stieß, einem Zentrum für Dokumentation, Information und Forschung über nationalsozialistische Verfolgung.

„Es hieß, dass sie von vielen Opfern Erinnerungsstücke wie Ringe oder Kleidung haben, Dinge von überwiegend ideellem Wert, die sie an die Nachfahren weitergeben können", erzählt Judith Friedmann. „Dort rief ich an und fragte, ob es noch etwas aus dem Nachlass meines Vaters gebe. Und ich bekam die unglaubliche Nachricht: ‚Wir haben ein Grab.' Ich war fassungslos vor Freude, als ich das hörte! Damit hatte ich nie gerechnet. Ich hatte doch geglaubt, dass er ins Krematorium gekommen war."

Dass ihr Vater nicht dort endete, liegt offenbar daran, so die Schweizerin, „dass die Nazis kurz vor Ende des Krieges die Krematorien in Neuengamme stillgelegt hatten, damit die Alliierten dort keine brennenden Öfen finden. Mein Vater ist am 9. März 1945 gestorben und wurde also beerdigt, auf dem Friedhof Ohlsdorf."

Anhand von Unterlagen der Friedhofsverwaltung konnte das Grab von Eugen Rauchwerger schließlich eindeutig identifiziert werden. Damit stand für Judith Friedmann fest, dass sie die Umbettung der Gebeine ihres Vaters nach Jerusalem erreichen wollte. Für die Frau war dies ein ganz besonderes Anliegen, nicht nur, weil es der Tradition entspricht. „Meine Großeltern liegen ebenfalls dort begraben“, erzählt sie. „Und auch für meinen Mann und mich hatte ich dort eine Grabstätte ausgesucht. Ich wollte alles tun, damit die Familie zusammenkommt.“ Und noch etwas ist besonders wichtig: „Jeder religiöse Jude wünscht sich ein Begräbnis in Jerusalem“, erklärt Shlomo Bistritzky, Landesrabbiner von Hamburg.

Das Problem: Aus den Friedhofsunterlagen ging exakt hervor, wo sich das Grab befindet, aber ebenso eindeutig, dass darin zwei Menschen beerdigt wurden, Eugen Rauchwerger und ein weiteres Opfer der Nazis. Ihre Gebeine lagen nebeneinander. Doch welcher von beiden war wer?

Um das herauszufinden, mussten beide Toten exhumiert werden. Die Familie hat das Glück, dass die Nachfahren des anderen Mannes einer Exhumierung zustimmten. Nun ging es darum, einwandfrei zu identifizieren, welcher der Toten Judith Friedmanns Vater war. Das Institut für Rechtsmedizin wurde gebeten, sich des Falles anzunehmen. Dort war man sofort dazu bereit. Für die forensischen Experten geht es nicht nur darum, die Knochen zu bergen. Hier kann lebendige Geschichte an einem Toten nachvollzogen werden.

Zwischen der Tochter Eugen Rauchwergers und dem Institut für Rechtsmedizin wurde besprochen, dass ein DNA-Abgleich vorgenommen werden solle. Die Tochter gab dafür eine Speichelprobe ab, von dem Toten sollte das Erbgut aus einem Zahn extrahiert werden. Dies war nach jüdischer Tradition schon ein außergewöhnliches Zugeständnis. „Denn nach dem jüdischen Gesetz sollen die Reste eines Toten komplett begraben werden, nicht das kleinste bisschen darf fehlen“, erklärt Rabbi Bistritzky.

Zur Exhumierung Ende 2016 reiste neben Bistritzky auch Rabbi Mendel Eckstein extra aus Israel an, ein jüdischer Experte für die Bergung von Toten. Nachdem Friedhofsmitarbeiter schon am frühen Morgen die oberste Schicht der Grube freigelegt hatten, stieg der Rabbiner selber in das Grab, untersuchte das Erdreich und arbeitete sich, teilweise im Liegen, zentimeterweise vor. Sorgfältig und fachmännisch hob der Mann mit dem langen weißen Bart die beiden Skelette aus. Angrenzendes Erdreich wurde mit eingepackt. Wie Eugen Rauchwerger zu Tode gekommen ist, sollte nach der Entscheidung der Familie bewusst nicht untersucht werden. Kleidung oder Schmuck wurden nicht gefunden.

Bei der Exhumierung stießen die Experten jedoch auf einen entscheidenden Hinweis, der nach Überzeugung von Rabbi Mendel Eckstein ausreichte, um Eugen Rauchwerger sicher zu identifizieren: Zwischen den Beinen der Toten befand sich jeweils ein kleiner Identifizierungsstein, in den eine Nummer eingraviert war.

Es war eindeutig, dass die Steine ursprünglich an dem Toten festgebunden gewesen waren. Bei dem einen lautete die Nummer 2840. „Die Nummer stimmte“, bestätigt Judith Friedmann. „Die Ziffer ist genau diejenige, die in allen Dokumenten über meinen Vater auftauchte!“ Experten versicherten, dass dies als ein sicheres Zeichen gewertet werden darf, dass es sich bei diesen Gebeinen um die von Judith Friedmanns Vater handelt.

Damit hatte sich ein DNA-Vergleich erübrigt. „Ich hatte meinen Vater wieder!“, erzählt Judith Friedmann. „Ich hatte gemischte Gefühle: große Freude – und zugleich war ich zutiefst erschüttert, weil mir das furchtbare Schicksal, das so viele Menschen erlitten haben, durch den Kopf ging. Wie konnten Menschen anderen so etwas antun?“

Die Gebeine ihres Vaters wurden in einen Sarg gelegt, der zunächst nach Berlin und von dort mit dem Flugzeug nach Israel transportiert wurde. „Dort gab es auf dem Friedhof eine wunderschöne Zeremonie, an der etwa 500 Menschen teilgenommen haben“, erzählt Judith Friedmann. „Es war berührend und bewegend. Ich bin sehr, sehr glücklich, dass ich das erleben durfte. Das war für mich eine Herzensangelegenheit.“

Vermisst für exakt 59 Jahre und 261 Tage: Es erscheint beinahe als Kuriosum, dass in einem anderen Fall nach nahezu sechs Jahrzehnten Ungewissheit so genau festgestellt werden kann, wie lange der Tod eines Menschen zurückliegt und was ihm genau widerfahren ist. Doch zuvor konnte rund sechzig Jahre lang die Familie eines deutschen Luftwaffenpiloten nicht wissen, ob ihr Angehöriger im Zweiten Weltkrieg in Gefangenschaft geraten ist, ob er bei einem Flugzeugabsturz ums Leben gekommen ist und ob er leiden musste. All dies sind schmerzvolle und belastende Unsicherheiten. Wenn sich nach jahrzehntelangen Zweifeln endlich die Tatsachen zu einem sicheren Ganzen fügen, können Zufälle eine Rolle gespielt haben. Man kann es auch Schicksal nennen.

Im Fall des deutschen Piloten ist die Initialzündung, um den Verbleib des Luftwaffenfliegers schließlich aufzuklären, das Treffen zweier Freunde in einem Gesangsverein im Herbst des Jahres 2003. Der eine Mann ist Flugzeugingenieur, der andere kennt einen Bauern in der Region. Und dieser Landwirt, so wird nun erzählt, hat schon jahrelang regelmäßig mit seinem Trecker um ein Aluminiumteil herum rangiert, das auf seinem Acker etwa 1,20 Meter weit aus der Erde ragt. Den Bauern ließ der Fund kalt, doch der Flugzeugingenieur, der davon erfährt, ist elektrisiert. Er macht sich mit einem Spaten bewaffnet auf den Weg zu besagtem Feld. Nachdem er etwa einen Meter tief gegraben hat, stößt er auf eine etwa fünfzig Kilogramm schwere Brandbombe. Er alarmiert die Behörden, und der Kampfmittelräumdienst tritt auf den Plan. Dieser entdeckt außer der Bombe die Überreste eines stark zerstörten Flugzeugs sowie menschliche Knochen und Kleidungsreste. Das Flugzeug wird später von Spezialisten als das Wrack eines Nachtjägers vom Typ Junkers JU C-6 identifiziert.

Wie es zum Absturz gekommen ist, kann anhand von historischen Unterlagen und von Zeugenaussagen genau nachvollzogen werden. Als die Besatzung des Flugzeugs in der Nacht vom 3. auf den 4. Dezember 1943 von einer Mission zurückkehrte, sank der Öldruck der Maschine plötzlich, und die Mannschaft musste aus der abstürzenden Maschine aussteigen. Dem Funker und dem Mechaniker gelang der Absprung. Der Pilot aber, Oberleutnant H., stürzte mit dem Flugzeug ab. Obwohl die Stelle, wo die Maschine aufprallte, bekannt war, galt der Leichnam des Piloten als unauffindbar. Seine Witwe wurde von dem Funker über die Umstände des Unglücks benachrichtigt.

Jetzt, als der Tote fast sechzig Jahre später entdeckt wird, sichert die Polizei die Ausweispapiere und persönlichen Dokumente, die bei den Überresten des Leichnams gefunden werden. Nun wird auch die Hamburger Rechtsmedizin hinzugezogen. Sie reinigt die Kleidung, Knochen und Ausrüstungsgegenstände vom Lehm. Die Bekleidung wird gewaschen und luftgetrocknet und lässt sich nun einer einzelnen Person zuordnen. Die Textilien sind stark zerrissen, sie weisen an den Rändern Brandschäden auf. Es handelt sich bei den Stoffen um Bestandteile einer zeittypischen Fliegeruniform mit mehreren Lagen Unterbekleidung. Weitere Bestandteile der Ausrüstung sind Militärstiefel, eine Schwimmweste, eine Fliegerkappe mit eingelassenen Kopfhörern und Teile eines Fallschirms.

Vom Leichnam sind größere Teile des Skeletts erhalten, vor allem von den Extremitäten, der Wirbelsäule und dem Schultergürtel. An einzelnen Knochen lassen sich noch Fetzen von Sehnen und Muskulatur abgrenzen. Erstaunlich ist der ausgezeichnete Erhaltungszustand eines Ohres. Möglicherweise, so die Erkenntnis der Rechtsmediziner, hat die starke Kerosindurchtränkung des Bodens konservierend auf das Gewebe eingewirkt.

Von anderen Körperteilen, speziell auch vom Kopf, sind nur wenige stark fragmentierte Anteile vorhanden, vermutlich wurde der Schädel durch den Aufprall des Flugzeugs zerstört. Vergleichbare Schäden werden regelmäßig bei Flugzeugabstürzen beobachtet. Es wird wegen der Schwere der Zerstörung als sicher festgestellt, dass sich Oberleutnant H. noch im Cockpit des Nachtjägers befand, als dieser abstürzte, und sofort tot war. Damit hat das Drama um das Ableben des Piloten – bei aller Tragik – doch noch einen heilenden Effekt. Jahrzehntelang hatte die Witwe die Sorge, dass ihr Mann zunächst noch hatte lebend aussteigen können und dann auf andere, vielleicht quälendere Weise ums Leben gekommen sein könnte. Von dieser Sorge konnte die Frau durch die Erkenntnisse der rechtsmedizinischen Untersuchung befreit werden. Sie hat ihren Mann schließlich beerdigen können, in seiner Heimatstadt. Nun hat auch sie eine Stätte, an der sie trauern kann.

Langzeitvermisste

Eine spezielle Fallgruppe unter den Vermissten stellen Langzeitvermisste dar, die zum Teil schon ein ganzes Lebensalter, das heißt mehr als fünfzig Jahre, vermisst werden. Bei diesen Personen, die als tot gelten, steht vor allem die Identifikation im Vordergrund, weniger die Frage, wie sie gestorben sind.

Zu vielen Vermisstensachen ist es im Verlauf von kriegerischen Auseinandersetzungen oder manchmal durch Unfälle oder Naturkatastrophen gekommen. Beispielsweise finden sich in den Archiven noch Tausende von deportierten beziehungsweise vertriebenen und seitdem vermissten Zivilpersonen und Soldaten.

Am Hamburger Institut für Rechtsmedizin wurde eine archäologisch-anthropologische Arbeitsgruppe eingerichtet, um solche Langzeitvermissten-Angelegenheiten professionell mit hierfür eigens herangebildeten Experten zu untersuchen. Dazu gehören spezielle Grabungstechniken, die sorgfältige Erfassung von Begleitfunden, zum Beispiel Ausrüstungsstücke, Kleidung, Wertsachen, die anthropologische Bestimmung von Geschlecht, Lebensalter und Leichenliegezeit sowie vor allem neueste Laboruntersuchungen im Hinblick auf eine DNA-Identifikation. Die DNA-Experten sind insbesondere imstande, an durch die lange Leichenliegezeit stark zersetzten menschlichen Überresten noch Vergleichsuntersuchungen durchzuführen.

Bei derartigen Fällen hat sich eine sehr enge Teamarbeit zwischen investigativ tätigen Arbeitsgruppen, die mit großem Engagement Nachforschungen und Grabungen durchführen, sowie örtlichen Behörden, Polizei, Staatsanwaltschaft, Archäologen, Denkmalpflege und der Rechtsmedizin entwickelt.

So beispielsweise bei einem abgestürzten amerikanischen Flieger aus dem Zweiten Weltkrieg, der im Bereich einer niedersächsischen Kleinstadt am Ufer der Elbe niedergegangen war. Der Pilot hatte sich aus dem abgeschossenen Flugzeug mittels Fallschirm gerettet. Der Mann war erheblich verletzt. Der US-Soldat wurde kurz danach angeblich vom Bürgermeister des angrenzenden Dorfes eigenhändig erschossen. Es folgte eine anonyme Grablegung des Amerikaners am Waldrand. Man hat über den verscharrten Leichenteilen ein Kreuz errichtet, welches vor Ort die Lage des Toten markierte.

An dieser Stelle wurde viele Jahrzehnte später gegraben. Vom Institut für Rechtsmedizin war eine Anthropologin zugegen, die die Grabungsarbeiten überwachte. Es handelte sich um ein reines Knochenskelett. Diese Knochen wurden in die Rechtsmedizin gebracht und hier professionell aufgearbeitet. Die Rekonstruktion bewies, dass in der Tat eine Kopfschussverletzung bestand.

Die weiteren Ermittlungen von Polizei und Staatsanwaltschaft ergaben, dass alle möglicherweise damals beteiligten Personen mittlerweile verstorben waren. Die Ermittlungen wurden deswegen eingestellt. Im Hinblick auf die Identifizierung des amerikanischen Piloten war das Ergebnis der DNA-Untersuchung eindeutig. Die Gebeine wurden, wie es bei amerikanischen Soldaten üblich ist, in die USA überführt und in Arlington beerdigt.

Man kennt aus der Kriegszeit allein in Deutschland mehr als tausend Fälle abgeschossener Flieger, von denen nur wenige gefangen genommen wurden. Andere wurden von der deutschen Bevölkerung oder zum Teil von regulären Polizei- und Militärkräften getötet. Für die Amerikaner ist dies ein wichtiges Thema, weil sie jeden toten Soldaten nach Hause holen wollen. Anders die Engländer, sie sagen: Lasst die Toten, wo sie sind. Auch Australien und Neuseeland neigen dazu. Diese Länder drängen nicht einmal auf eine Identifizierung.

Die deutsche Rechtslage und Mentalität sind so ausgerichtet, dass unbekannte Tote oder langzeitvermisste Personen zu lokalisieren und zu identifizieren sind, um die Gebeine dann in die Verfügung der Angehörigen zu geben beziehungsweise um die Gräber mit einem Namen zu versehen.

Verschollen im Totenwald

„Irgendetwas stimmt da nicht!“ Da war etwas in der Stimme der Schwester, eine Unsicherheit, eine Anspannung, die Anja K. sofort in Alarmbereitschaft setzte. Damals, als ihre Schwester ihr mitteilte, dass die Eltern von einem Picknickausflug zwei Tage zuvor nicht nach Hause gekommen waren. Ohne sich richtig zu verabschieden, ohne genau zu sagen, wohin sie wollten.

Und dann kam kein Lebenszeichen. Das war so untypisch, das konnte nichts Gutes verheißen.

Diese Zeit, als ihre Eltern verschollen waren, das Frühjahr 1989, hat sich bei Anja K. fest ins Gedächtnis eingebrannt. Die sieben Wochen nach dem Verschwinden von Mutter und Vater, in denen die damals 22-Jährige zwischen Sorge und Entsetzen taumelte. Als es keine Nachricht gab – nur Ungewissheit, Ängste und Leere. Als sie nur noch funktionierte, emotional und real wie abgeschottet von ihrem Umfeld. „Ein Leben wie in Watte gepackt“, nennt sie diesen Zustand heute. Als sie sich eine Zeit lang sogar dem Verdacht ausgesetzt sah, sie könnte etwas mit dem Verschwinden ihrer Eltern zu tun haben. Als sie, ebenso wie andere Familienmitglieder, etwa vier Stunden lang von der Polizei vernommen wurde, bis sie schließlich so maßlos erschöpft war, dass sie einfach nur noch allein sein wollte. „Ich will nach Hause", sagte sie deshalb zu den Beamten. Und: „Ja, ich gebe es zu."

Allerdings gab es nichts, was sie hätte zugeben können. Anja K. war ebenso wenig wie ihre Schwester oder andere nahe Verwandte dafür verantwortlich, dass Ursula und Peter Reinold nie wieder nach Hause kamen. Schuld hat ein Mann, der das Ehepaar brutal tötete und im Wald notdürftig unter Zweigen verscharrte – und der nicht nur das Leben der beiden auf dem Gewissen hat, sondern auch noch weitere Opfer. Es ist ein Serienmörder, dessen diabolisches Tun immer noch nicht vollständig aufgeklärt ist. Dieser Kurt-Werner Wichmann, der mittlerweile als der Mörder von Anja K.s Eltern gilt, hat möglicherweise über Jahrzehnte eine blutige Spur durch Deutschland gezogen. Immer wieder, so der Verdacht, hat der Friedhofsgärtner vor allem in Wäldern Menschen aufgelauert. Vermutlich wurde er dabei, zumindest bei einigen seiner Taten, von einem Komplizen unterstützt.

Aber von diesen Morden wusste Ende der 1980er-Jahre noch niemand.

Von alldem ahnen Ursula und Peter Reinold aus Hamburg-Bergedorf nichts, als sie am 21. Mai 1989 zu einem Ausflug in den Wald aufbrechen. Das riesige Forstgebiet Göhrde im nordöstlichen Niedersachsen, das sich die 45-Jährige und ihr sechs Jahre älterer Mann als Ziel ausgesucht haben, gilt für viele Ausflügler als Sehnsuchtsort, mit verschwiegenen Ecken und romantischem Charme. Eine Idylle.

Das Ehepaar Reinold ist oft in Hamburgs Speckgürtel im Wald unterwegs, gern im Bereich Lüneburg und Hitzacker. Sie mögen die Ruhe und die Stille der Natur. Ihre beiden Töchter, zweiundzwanzig und sechzehn Jahre alt, fahren schon länger nicht mehr mit auf diese Tagesausflüge. Anja, die ältere, wohnt bereits seit vier Jahren zusammen mit ihrem Freund in einer eigenen Wohnung, wegen Konflikten mit dem sehr strengen und pedantischen Vater, wie sie sagt. Und ihre 16-jährige Schwester, die im elterlichen Haus in ihrem Kinderzimmer lebt, ist noch im Halbschlaf, als die Mutter am Sonntagmorgen nur kurz den Kopf zur Tür hereinsteckt und fröhlich ruft: „Wir fahren jetzt los." Wo sie hinwollen, sagt Ursula Reinold nicht.

Zwei Tage später, am Dienstagvormittag, ruft die jüngere Tochter ihre Schwester Anja im Büro an. „Irgendwas stimmt da nicht", sagt sie besorgt. „Mama und Papa sind nicht nach Hause gekommen." Anja ist sofort alarmiert. Sie holt ihre Schwester von der Schule ab, und gemeinsam fahren sie zu einer Hamburger Polizeiwache nahe ihrer Wohnadresse, um eine Vermisstenanzeige aufzugeben. „Da wurden wir erst nicht ernst genommen", erzählt Anja K. „Es hieß, wir sollten nicht so einen Fez darum machen. Unsere Eltern hätten sich wohl nur spontan ein verlängertes Wochenende gegönnt. Doch wir insistierten: Unsere Eltern sind nicht so. Dass sie wegbleiben, ist mehr als ungewöhnlich." Schließlich wird die Vermisstenanzeige aufgenommen. „Damit kam die Sache in Gang." Auch die Familie organisiert private Suchaktionen, druckt Plakate und hängt sie an Laternenpfählen und Bäumen auf, läuft Wälder ab, in denen die Eltern oft spazieren gegangen sind. Den Familienhund haben die Töchter dabei. Vielleicht würde er eine Spur finden?

Doch das Tier nimmt keine Witterung auf. Stattdessen wird eine Woche nach dem Verschwinden der Reinolds ihr Auto gefunden. Ein Bäcker hat sich bei der Polizei gemeldet, weil ihm aufgefallen ist, dass ein Auto schon seit mehreren Tagen auf einem Parkplatz in der Nähe des Winsener Bahnhofs steht. „Die Polizei fuhr mit uns zum Fundort", erinnert sich Anja K. „Wir haben das Auto als unseres wiedererkannt. Die Beamten fragten auch, ob unsere Eltern den Wagen einfach am Bahnhof abgestellt haben könnten. Aber das schien uns ausgeschlossen. Unser Vater war extrem korrekt, er hätte nie so schräg eingeparkt. Außerdem sah man im Innenraum des Autos Gebrauchsspuren, da lagen zum Beispiel Blätter herum. Das entsprach nicht dem Ordnungssinn meines Vaters."

Es finden nun weitere Suchaktionen statt, auch in der Göhrde.

Anja K. hat mittlerweile ein Feldbett im Wohnzimmer des Elternhauses aufgeschlagen, um stets bei der jüngeren Schwester zu sein. Die ältere Tochter, die als Sachbearbeiterin bei einem großen Unternehmen arbeitet, geht erst mal nicht ins Büro. Die Geschwister sind zugleich aufgewühlt und gedämpft. „Wir haben irgendwie versucht, die Haustiere zu versorgen. Selber haben wir vor allem geraucht und Kaffee getrunken. Wir fühlten uns wie gelähmt. Ständig kam Besuch von der Polizei und von der Presse. Wir waren völlig überfordert.“ Immer wieder erreichen sie Anrufe von vermeintlichen Zeugen, die behaupten, die Eltern irgendwo gesehen zu haben. „Mal schwammen sie angeblich durch die Elbe, mal sollen sie auf Mallorca gesehen worden sein. Und wenn man nachts wach wurde, bildete man sich ein, dass man das Geräusch vom Schlüssel im Türschloss hört und dass die Eltern doch zurückkommen. Wir waren eigentlich immer in Lauerstellung.“

Sieben Wochen Unsicherheit. Sieben Wochen vermisst. Wer überlegt, wie lange schon sieben Stunden oder sieben Tage sich erstrecken können, wenn man sehnsüchtig und dringend auf etwas wartet, kann vielleicht erahnen, wie lange sich sieben Wochen anfühlen können, in denen das Schicksal der nächsten Angehörigen ungeklärt ist. Das endlose Warten, die Anspannung. Die zermürbenden Sorgen, der Wunsch, endlich Klarheit zu bekommen – und zugleich die Furcht davor, dass das Schlimmste vielleicht noch bevorsteht. Der Tod?

Für Anja K. und ihre Schwester ist es zudem ein ständiges Auf und Ab der Emotionen: Ängste, Unsicherheit. Und Wut. „Dass sie uns so was antun, uns allein lassen, das ist das Allerletzte. Ja“, erzählt Anja K., „solche Gefühle hatten wir manchmal: Wut. Und immer verfolgten uns die Fragen: Wo sind sie? Was ist passiert?“ Die Schwestern fühlen sich zeitweise wie gelähmt, „wie unter einer Käseglocke. Ich weiß heute: Die Seele schützt sich. Aber es gab darüber hinaus diverse Momente, wo ich nicht mehr weiterwusste. Keine Ahnung zu haben, was mit den Eltern passiert ist, das war die Hölle. Und die Hölle war es auch noch danach."

Danach: Das ist der Moment, als die Geschwister erfahren, dass sie ihre Eltern nie wiedersehen werden. Dass Mutter und Vater tot sind, umgebracht.

Im Fernsehkrimi ist das immer die Szene, in der zwei Kommissare an der Wohnungstür der Angehörigen klingeln und der Ehefrau oder dem Vater oder den Kindern des Vermissten das Furchtbare mitteilen, das Endgültige. Manche TV-Ermittler wirken dabei etwas unbeholfen, andere durchaus empathisch. Sie überbringen die Todesnachricht jedenfalls stets von Angesicht zu Angesicht. Im Fall Ursula und Peter Reinold, so schildert es Anja K., haben sich die Beamten allerdings nicht die Mühe gemacht, die Kinder des Ehepaars persönlich aufzusuchen. Ein Polizist ruft bei der jüngeren Tochter an und teilt der 16-Jährigen in wenigen Worten mit, dass die Eltern tot aufgefunden wurden. Sie und Anja K. müssten die Vermissten nicht identifizieren; man sei sich sicher, dass sie es sind. Aber ob die Töchter trotzdem auf die Wache kommen könnten?

„Dort hat man für uns einen durchsichtigen Beutel mit Schmuck, dem noch Erde anhaftete, auf den Tisch gelegt und den dann geöffnet", erinnert sich Anja K. „Leichengeruch strömte aus dem Beutel. Das werden meine Schwester und ich nie vergessen. Den Geruch habe ich heute noch in der Nase."

Die Hölle, hier ist sie wieder gegenwärtig. So empfinden die Schwestern ihr Leben. Zu den Sorgen und Ängsten, die sie über Wochen umschlungen und gelähmt haben, mischt sich nun grenzenlose Trauer. Die

Gewissheit, dass die Eltern für immer gegangen sind, liegt wie eine unendlich schwere Last auf den Töchtern. „Und dazu kam noch Todesangst“, erzählt Anja K. Sie und ihre Schwester haben von der Polizei erfahren, dass den Eltern die Schlüssel geraubt wurden. Die Sorge der jungen Frauen ist, dass der Täter zudem die Personalpapiere an sich genommen haben könnte, aus denen er die Wohnadresse ablesen kann. „Wir hatten Angst, ob er vielleicht noch zu uns ins Haus eindringt.“ Nachts, wenn sie nicht schlafen können, horchen sie angestrengt darauf, ob sich der Schlüssel im Türschloss dreht. Was in den Wochen des Vermisstseins der Eltern eine Erleichterung gewesen wäre, weil es deren Rückkehr bedeutet hätte, wird nun zur möglichen Bedrohung.

Die offiziellen Nachrichten sind ebenfalls höchst belastend. Wie und wo Ursula und Peter Reinold gefunden worden sind, füllt die Zeitungsseiten und Nachrichtensendungen.

Zwei Blaubeersammler entdecken die Toten am 12. Juli 1989, mehr als sieben Wochen nach dem Verschwinden des Paares. In einer leichten Senke ragt eine Hand aus einem Haufen Äste, so werden die Leichname in der Nähe eines Nadelbaums gefunden. Als die von den Blaubeersammlern und einem Förster alarmierte Polizei die Körper wenig später freilegt, ist zu erkennen, dass die Toten auf dem Bauch liegen. Die Hände haben sie auf dem Rücken über Kreuz. Es wirkt, als seien sie gefesselt gewesen. Beide Toten sind nahezu unbekleidet. Nur die Frau trägt noch einen Rock, der bis zum Becken hochgeschoben ist. Ob die Opfer sich selber ausgezogen haben oder ob ihr Mörder das getan hat, bleibt unklar. Ebenso kann nicht ermittelt werden, wo die Kleidung ist. Ein Fernglas der Marke Steiner, das das Ehepaar dabeihatte, hat der Täter mitgenommen. Ist es eine Trophäe für ihn? Oder hat er dafür eine praktische Verwendung – so wie er auch das Auto des Ehepaares zumindest kurz noch genutzt haben muss?

Der Fundort der Leichname ist nicht der Tatort; dieser wird eher in einer Lichtung in der Nähe vermutet. Die Hitze des Sommers hat die Verwesung weit fortschreiten lassen, sodass die Körper weitgehend skelettiert sind. Tierfraß hat ihnen zusätzlich zugesetzt. So kann nicht sicher festgestellt werden, ob der eingedrückte Kehlkopf des 51-jährigen Mannes Folge der Einwirkung von futtersuchenden Wildschweinen ist oder ob die Verletzung womöglich auf eine Strangulation hindeutet. Die Todesursache kann später bei der Obduktion nicht sicher ermittelt werden. Die Reinolds könnten ebenso erschossen oder erschlagen worden sein. Identifiziert wird das Paar anhand der Zahnschemata.

Zwei Wochen später machen Polizeibeamte während einer weiteren Durchsuchung des Geländes eine Entdeckung, die dem Forstgebiet Göhrde den düsteren Namen „Totenwald“ verleiht. Am 27. Juli werden dort, nur 800 Meter vom Fundort des ersten ermordeten Paares entfernt, zwei weitere Tote gefunden. Es handelt sich um eine sechsundvierzig Jahre alte Frau und einen dreiundvierzig Jahre alten Mann. Die Hausfrau und der Mitarbeiter der Toto-Lotto GmbH haben eine Affäre miteinander, von der niemand weiß. Beide sind verheiratet, sie haben sich während einer Kur kennengelernt und sich offenbar für ein heimliches Treffen in die Göhrde begeben. Statt einer romantischen Begegnung hat dort ihr Mörder auf sie gewartet. Er hat in einem Hinterhalt gelauert, und er ist bewaffnet gewesen.

Die Opfer werden auf einer zwei mal fünf Meter großen Lichtung entdeckt. Die vollständig bekleideten Toten liegen im rechten Winkel zueinander, jeweils mit dem Gesicht nach unten. Die 46-Jährige ist mit Leukoplastband gefesselt, ihre Bluse ist hochgeschoben, der Büstenhalter durchschnitten. Beide sind durch Schüsse in den Kopf getötet worden. Ihr Mörder hat eine Kleinkaliberwaffe 5,6 Millimeter benutzt.

Der Todeszeitpunkt kann sicher auf den 12. Juli 1989 datiert werden – also jenen Tag, an dem die Ermittler am Fundort des ersten ermordeten Paares beschäftigt sind. Hat der Täter die Aktivitäten der Polizei nicht bemerkt? Oder ist er im Gegenteil besonders dreist und will seine Unerschrockenheit und Überlegenheit zeigen, indem er gerade hier und jetzt erneut zuschlägt? Gibt ihm das einen besonderen Kick?

Dass die Beamten trotz der Nähe der beiden Orte die Schüsse nicht hören, liegt an der Beschaffenheit des Geländes. Wie der Fundort der Leichen des ersten Doppelmords befindet sich der zweite Tatort in einer Senke, sodass Hanglage und Bäume den Schall stark dämpfen. Ihr Mörder hat den Opfern eine Kamera entwendet sowie den Schlüssel zu dem Toyota, mit dem das Paar in den Wald gekommen ist. Mit dem Wagen muss der Täter noch mehrere Tage umhergefahren sein. Schließlich wird das Auto zwölf Tage nach dem Verschwinden des Mannes und der Frau auf einem Parkplatz einer Kurklinik in Bad Bevensen gefunden, nicht weit von der Göhrde entfernt.

Die Polizei bildet eine Ermittlungsgruppe, sie befragt mögliche Zeugen, sie lässt ein Phantombild anfertigen von einem Mann, den die Blaubeersammler in der Nähe des Fundortes der Toten gesehen haben. Die Polizei sucht den Wald und die Umgebung der Häuser der Opfer nach Spuren ab. Die Beamten gehen Hinweisen nach, fragen sich von Haustür zu Haustür durch. Dort, wo das Ehepaar Reinold gefunden wurde, tragen sie den Boden bis in 30 Zentimeter Tiefe ab, sieben das Erdreich und hoffen, so auf Projektile zu stoßen. Sie vernehmen einen Mann, der als Verdächtiger gilt, der aber schließlich ein stichhaltiges Alibi vorweisen kann. Sie überprüfen Autokennzeichen von Wagen, die in der Nachbarschaft aufgefallen sind. Sie unternehmen viel, doch im Ergebnis finden sie nichts Brauchbares. Nichts, was einen Durchbruch bringt.

Die Beerdigung des ermordeten Ehepaares hat mittlerweile stattgefunden. Die Opferschutzorganisation Weißer Ring hilft den beiden Töchtern des Paares, das Begräbnis zu finanzieren. „Das hätten wir kaum bezahlen können", erzählt Anja K. Auch wie sie die Miete für die Wohnung bestreiten sollen, in der sie mit den Eltern gelebt haben, bereitet den Töchtern Sorge, zusätzlich zu dem Leid und dem Verlust, die sie zu tragen haben.

Die ältere Tochter ist mit ihrem Freund wieder in das Elternhaus zurückgezogen, um die jüngere Schwester nicht allein zu lassen. „Wieder in die Wohnung zurückzukehren, um dort zu leben, war in der Rückschau keine gute Idee“, erzählt die heute 54-Jährige. „Nachts kamen die Albträume. Außerdem ist kurz danach die Beziehung zu meinem Freund kaputtgegangen, wohl weil ich mich sehr um meine Schwester gekümmert habe und nicht mehr genug Zeit für ihn hatte.“

Drei Jahre wohnen die Geschwister zusammen, dann zieht Anja K. wieder in eine eigene Wohnung, bekommt mit einem neuen Lebensgefährten ein Kind. Für ihre Schwester sei sie nun auch ein bisschen wie eine Mutter gewesen, erzählt sie jetzt. „Ich habe versucht, alles Böse von ihr fernzuhalten, bis weit ins Erwachsenenalter. Sie ist immer noch ein bisschen mein großes Kind. Wenn es ihr schlecht geht, geht es mir ebenfalls schlecht.“

Gründe dafür hat Anja K. genug. Trotz vieler guter Phasen, trotz gesundem Kind und neuem Partner, trotz eines Umzugs in eine andere Stadt, gut hundert Kilometer entfernt vom Tatort. Doch gegen die schlimmen Erinnerungen und Albträume helfen kein neuer Wohnort und keine Distanz. Die bösen Geister von damals verfolgen Anja K. bis heute. „Es ist ein merkwürdiges Gefühl, dass ich jetzt älter bin, als meine Eltern es je geworden sind.“ Ihren Enkel konnten Ursula und Peter Reinold leider nie kennenlernen.

Wer Anja K. erlebt, diese lebhafte Frau mit blonder Mähne und Lachfalten, ahnt ihre Stärke. Aber er spürt auch, wie viel Kraft es sie häufig kosten muss, nicht zusammenzubrechen. Seit ihre Eltern auf so furchtbare Art sterben mussten, leidet die gebürtige Niedersächsin an einer posttraumatischen Belastungsstörung sowie an einer wiederkehrenden Depression. Seit ihrem 51.

Lebensjahr ist die Sachbearbeiterin deshalb berufsunfähig. „Überhaupt nur in einen Wald zu gehen, war für mich wegen der schlimmen Erinnerungen an den Tatort über fünfundzwanzig Jahre schlicht unmöglich. Und heute geht es nur, wenn ich meinen Hund dabei habe." Bis vor drei Jahren ist sie nicht in Lüneburg gewesen, wo seinerzeit die Polizei für die Ermittlungen zuständig war und es bis heute ist. Hier wurde Anja K. damals auf der Wache vernommen.

2017 wird sie schließlich von der mittlerweile neu gegründeten „Ermittlungsgruppe Göhrde" zu einem Gespräch eingeladen. „Als ich das Polizeigebäude sah, krampfte sich mein Magen zusammen", schildert Anja K. Die neuen Ermittlungen wühlen sie auf, aber sie machen ihr auch Hoffnung.

„Es bleibt die Frage: Wie sind meine Eltern gestorben? Das konnte man uns nie sagen, bis heute nicht. Und vor allem: Mussten sie leiden? Der Gedanke ist schwer erträglich." Sie sei häufig am Grab und halte Zwiesprache mit den Eltern. Natürlich möchte sie wissen: Wer war der Mörder? „Ich habe immer der Polizei im Nacken gesessen und gefragt, ob es neue Erkenntnisse gibt, neue Möglichkeiten?" Die Auskünfte seien oft nur spärlich gewesen, die Ergebnisse alles andere als ermutigend. „Bis zu dem Tag, als wir Herrn Sielaff kennengelernt haben. Seitdem hat sich für uns viel geändert."

Wolfgang Sielaff ist der Mann, mit dem Anja K. und ihre Schwester eine mittlerweile mehr als dreißigjährige Schicksalsgemeinschaft haben – die meiste Zeit, ohne dass ihnen das bewusst war. Auch der Hamburger hat einen schlimmen Verlust erlitten. Seine Schwester Birgit Meier verschwand in der Nacht vom 14. auf den 15. August 1989 spurlos aus ihrem Haus in Brietlingen, also knapp drei Monate, nachdem das Ehepaar Reinold ermordet wurde, und nur etwa drei Wochen nach dem Fund des zweiten getöteten Paares. Es ist die Zeit, als der Göhrde schon der Fluch als „Totenwald" anhaftet und die Polizei damit beschäftigt ist, in beiden Mordfällen zu ermitteln. Dass Birgit Meier unauffindbar ist, wird bei den Ermittlern zunächst als Vermisstenfall behandelt. Die 41-Jährige lebt von ihrem Mann getrennt. Daraus ergibt sich für einen verantwortlichen Ermittler der Verdacht, dass die Frau Suizid begangen haben könnte. Das Haus, aus dem die Frau so plötzlich verschwand, wird nicht wirklich gründlich durchsucht, Nachbarn werden nicht eingehend befragt. Und später, als die Polizei doch ernsthaft ein Tötungsdelikt in Betracht zieht, hat sie in erster Linie den Ehegatten in Verdacht.

Ein anderer Mann, der Birgit Meier bereits kannte und der offenbar zuletzt auch Kontakt zu ihr gesucht hat, bleibt längere Zeit nahezu unbehelligt. Es ist Kurt-Werner Wichmann, ein Friedhofsgärtner mit einem Hang zu Gewalt und mit etlichen Vorstrafen, unter anderem wegen Sexualdelikten. Zwar ist der gebürtige Lüneburger, der nur wenige Kilometer von Birgit Meier entfernt wohnt, kurze Zeit nach dem Verschwinden der Hausfrau zweimal befragt worden, doch erst im Februar 1993 richtet die Polizei ein ernsthaftes Interesse auf den 44-Jährigen. Sie durchsucht sein Haus und findet darin ein Geheimzimmer, in dem Wichmann unter anderem eine Schusswaffe, ein Zielfernrohr, Munition und Handschellen mit Blutanhaftungen gelagert hat.

Als die Ermittler den Verdächtigen festnehmen wollen, ist er bereits auf der Flucht nach Süddeutschland. Knapp zwei Monate später, nachdem er einen Unfall mit Fahrerflucht gebaut hat und in seinem Kofferraum Waffen sichergestellt werden, kommt Wichmann in Untersuchungshaft. Dort erhängt er sich am 25. April 1993 in seiner Zelle.

Gegen Tote wird nicht ermittelt. Das wird so gehandhabt, da Tote sich nicht wehren können. Und deshalb wird der Fall Wichmann bei der Polizei ad acta gelegt. Zumindest offiziell. Doch wenn ein mutmaßlicher Mörder tot ist, sind seine Taten noch lange nicht vergessen. Die Angehörigen der Opfer leiden weiter, sie wollen Antworten, sie wollen Gewissheit.

Im Fall Birgit Meier ist da einer, der nicht ruhen kann und will, bis das Schicksal der verschwundenen Frau geklärt ist. Es ist ihr Bruder Wolfgang Sielaff, Leiter des Hamburger Landeskriminalamts, später Vizepräsident der Polizei der Hansestadt. Als er 2002 in Pension geht, beginnt er, systematisch und akribisch meterweise Akten zu dem Fall seiner verschollenen Schwester zu durchforsten. Er schart ein Team von hochkarätigen Experten aus Polizei, Justiz und Rechtsmedizin um sich. Sie studieren die Akten, sie befragen mögliche Zeugen. Und sie finden weitere Beweismittel, die für Wichmann als Mörder von Birgit Meier sprechen.

Unter anderem entdecken sie in seinem ehemaligen Geheimzimmer versteckte Videokassetten mit einzelnen Folgen von „Aktenzeichen XY ... ungelöst“: ausgerechnet mit den Fällen über das Verschwinden der 41-Jährigen sowie über die Göhrde-Morde. Das Team setzt durch, dass die Polizei die seinerzeit bei Wichmann sichergestellten Handschellen mit den Blutrückständen auf DNA untersuchen lässt. Tatsächlich, es handelt sich um das Blut der Vermissten. Und schließlich findet der Bruder zusammen mit seinen Unterstützern am 29. September 2017 den Leichnam von Birgit Meier. Er ist unter einer Kfz-Grube in der Garage von Kurt-Werner Wichmann begraben, im Schädel der Toten steckt noch eine Kugel. Der Fall ist geklärt: Der Friedhofsgärtner hat die Frau ermordet.

Achtundzwanzig Jahre hat es gedauert, bis die Angehörigen Gewissheit haben, achtundzwanzig Jahre, bis der Ehemann des Opfers endlich von dem Verdacht befreit wird, er selber habe seine von ihm getrennt lebende Frau beseitigt; achtundzwanzig Jahre, bis der Vermisstenfall geklärt ist und die Familie das Mordopfer begraben kann. „Die Familie hat jahrelang darunter gelitten, dass wir nicht wussten, wo meine Schwester ist“, sagt Wolfgang Sielaff später. „Wir konnten nicht trauern, wir hatten kein Grab. Jetzt war der Zeitpunkt gekommen, wo es möglich wurde zu trauern.“

Diese Gewissheit ist entscheidend, sie bedeutet einen Abschluss. Es ist wichtig zu wissen, was dem nahestehenden Verwandten, dem Partner, dem Kind zugestoßen ist.

Und es ist wichtig zu erfahren, wer für den Tod eines lieben Menschen verantwortlich ist. Auch Anja K. und ihre jüngere Schwester wollen wissen, wer ihre Mutter und ihren Vater umgebracht hat. Auch sie haben fast drei Jahrzehnte in Ungewissheit gelebt. Dann endlich, Ende 2017, kommt wieder Schwung in die Ermittlung zu den Göhrde-Morden. Nachdem Wolfgang Sielaff seine Schwester gefunden hat und die Schuld von Kurt-Werner Wichmann feststeht, gründet die Lüneburger Polizei eine neue Ermittlungsgruppe und lässt unter anderem die Autos der in der Göhrde ermordeten beiden Paare auf DNA untersuchen. Jetzt ergeben sich eindeutige Spuren: Wichmann hat die Wagen gefahren. Damit gilt als sicher, dass er Ursula und Peter Reinold sowie das zweite Paar ermordet hat. Die beiden Verbrechen, die fast dreißig Jahre zuvor die Göhrde zum „Totenwald" machten, sind aufgeklärt.

Der Verbrecher Kurt-Werner Wichmann hat sich einer Strafe durch Suizid entzogen. Doch die Ermittler halten es für fast sicher, dass er einen Gehilfen hatte. Damals, als Birgit Meier spurlos verschwand, hatten Nachbarn minutenlang vor dem Haus des Opfers einen Wagen mit laufendem Motor gehört. Ein Mitwisser oder sogar Mittäter? Und bei den Göhrde-Morden muss jemand den Verbrecher in den Forst gebracht haben. Denn von den Tatorten aus hat der Täter die Wagen der zuvor von ihm getöteten Paare genutzt.

Die Polizei hat einen Mann als Gehilfen im Verdacht, der schon seit der Kindheit von Kurt-Werner Wichmann ein sehr, sehr enger Vertrauter des späteren Serienmörders ist. Noch reicht es nicht, den Verdächtigen zu überführen. Er selber schweigt.

Andere Morde und weitere schwere Straftaten sind noch nicht geklärt. Es sind Verbrechen, für die ebenfalls der wegen Gewaltdelikten vorbestrafte Sonderling und Waffennarr Wichmann verantwortlich sein könnte. Schon in seiner Jugend hat er auf manche Mitmenschen einen bedrohlichen, unheimlichen Eindruck gemacht. Und bereits 1969, als er gerade erst vierzehn Jahre alt ist, hat er das erste Mal einen Menschen angegriffen, wofür er auch verurteilt wurde. Später, als 21-Jähriger, hat er nachweislich eine junge Anhalterin vergewaltigt, sie mit einer Pistole bedroht und bis zur Bewusstlosigkeit gewürgt. Dafür bekommt er fünfeinhalb Jahre Freiheitsstrafe.

Es werden Ende der 1960er-Jahre im Raum Lüneburg mehrere Frauen getötet, bei denen das Tatmuster auf Wichmann passen könnte. Vielleicht ist er auch der Mörder einer 38-jährigen Mutter, die als Radfahrerin am 11. April 1968 in einem Wald in der Nähe von Lüneburg von vier Schüssen in den Rücken getötet wurde. Es wird mühsam werden, diese Verbrechen noch aufzuklären. Die Angehörigen, die Ehemänner, die Freunde, die Kinder der getöteten Frauen hoffen, dass es doch noch gelingt.

So wie auch Anja K. hofft, dass ein möglicher Mittäter beim Göhrde-Mord an ihren Eltern noch zur Rechenschaft gezogen wird. „Es darf nicht sein, dass er ungeschoren davonkommt“, sagt sie. „Ich wünsche mir sehr, dass die Polizei irgendetwas findet, damit man ihn belangen kann. Und ich hoffe für andere Familien, deren Angehörige spurlos vermisst sind, dass sie erfahren, was mit ihren Liebsten geschehen ist. Damit diese mit der Ungewissheit abschließen, damit sie trauern können.“

Sie selber könne bis heute nicht mit dem Mord an ihren Eltern abschließen, erzählt Anja K. „Ich kann es eine Zeit lang verdrängen, es ist aber immer wieder präsent. Es ist für immer ein großer Bestandteil meines Lebens. Es zerstört einen innerlich."

Menschen – über Wochen, Monate, Jahre vermisst; Eltern, Partner, Kinder – ständig auf der Suche. Ein Serienmörder, der seine Taten teils systematisch, teils oberflächlich zu verbergen sucht. Angehörige zwischen Bangen und Hoffen, zum Teil selbst unter Verdacht, zum Teil jahrelang mit diesem Makel lebend, den man kaum jemals wieder los wird. Andere Familienmitglieder sind schwer psychisch angeschlagen, sie sind auf ewig verunsichert, einige sind trotz psychotherapeutischer Behandlung langzeitkrank. Manche sagen: Lange vermisst ist schlimmer als schnell tot. Der Täter erhält eine begrenzte Freiheitsstrafe. Die Angehörigen der Opfer leiden lebenslang.

Identifikation

Die sichere Feststellung der Identität eines unbekannten Toten beziehungsweise eines Leichenteils ist für die polizeiliche Arbeit von herausragender Bedeutung. Dies kann der entscheidende Ansatz für die Aufklärung eines Verbrechens sein. Zugleich bedeutet das den Abschluss einer Vermisstensache. Für die Hinterbliebenen beinhaltet dies die endgültige und traurige Gewissheit über einen Todesfall. Damit endet jedoch eine schwer zu ertragende Unsicherheit.

Bei Identifizierungsmaßnahmen ist eine enge Kooperation von Kriminalisten und Rechtsmedizinern erforderlich. Das Methodenspektrum ist variabel und muss den Umständen des Einzelfalls entsprechend eingesetzt werden. Am einfachsten ist es, wenn die Gesichtszüge, sonstige äußere Merkmale oder die Statur des Toten eindeutig zu erkennen sind und mit einem Ausweis oder einer Fotografie zur Deckung gebracht werden können. Wichtige Hilfsmittel können Effekten sein (persönliche Gegenstände, Schmuckstücke, individuelle Kleidung). Dies beinhaltet allerdings den Unsicherheitsfaktor, dass es sich nicht um unveränderliche körpereigene Merkmale handelt, sondern um rein äußerliche Besonderheiten, die unter Umständen auch manipulierbar sind.

Kriminalistisch von herausragender Bedeutung ist die Daktyloskopie. Im Griechischen bedeutet *daktylos* „Finger" und *skopein* „schauen". Fingerabdrücke entstehen durch das Muster der Papillarleisten der Haut an den Händen. Diese Methode ist aus der Arbeit der Kriminalpolizei nicht mehr wegzudenken. Das automatisierte Fingerabdruck-Identifizierungs-System AFIS wurde 1993 beim Bundeskriminalamt eingeführt. Es wurde mittlerweile auf eine noch effizientere Software umgestellt. Es gibt interessante Beispiele dafür, dass auch bei hochgradig zersetzten Toten, bei Wasserleichen, bei Mumifizierung und auch bei Hornhautfetzen mithilfe der Kriminaltechniker eine sichere Identifikation möglich war.

Im Hinblick auf rechtsmedizinische Identifikationsmaßnahmen gibt es folgende weitere Möglichkeiten:

- Orientierende Klassifizierung von Knochen oder Leichenteilen: zum Beispiel Artzugehörigkeit (die Unterscheidung von Mensch und Tier), Geschlecht, Körpergröße, Alter, Hautfarbe
- Identitätsmerkmale: also besondere Kennzeichen, Konstitution, Krankheiten, Missbildungen, Narben, Tätowierungen, Berufsmerkmale, Kleidung, Ausweispapiere
- Identitätsbeweis: Zahnstatus/Gebissbefund, Röntgenvergleich, Schädelidentifizierung (zum Beispiel durch elektronische Superprojektion, zeichnerische oder auch fotografische Superposition, Weichteilrekonstruktion), eindeutig zu identifizierende Implantate mit Registriernummer wie Endoprothesen oder Herzschrittmacher

Von herausragender Bedeutung ist die Anwendung zahnmedizinischer Erkenntnisse; für Zahnärzte stellt das menschliche Gebiss eine Art „zweites Gesicht" dar.

Entscheidend für die eindeutige Identifikation kleinster Reste oder Knochen von Verstorbenen, unter Umständen nur von einzelnen Haaren, Blutspuren oder Hautfetzen, ist die moderne DNA-Technologie. In der DNA-Datei des Bundeskriminalamts sind zahlreiche DNA-Muster von Personen gespeichert, die schwere Straftaten verübt haben. Darüber hinaus findet sich auch eine zentrale Speicherung des DNA-Musters von Langzeitvermissten. Bei derartigen Fällen muss daher stets ein überregionaler Abgleich erfolgen. Es ist damit zu rechnen, dass Tote beziehungsweise Vermisste in anderen Bundesländern oder im Ausland auftauchen.

Wenn Kinder über sehr lange Zeiträume vermisst werden, ist eine gezielte DNA-Untersuchung im Hinblick auf die Mutterschaft beziehungsweise ein Abgleich mit den leiblichen Eltern erforderlich. Die grenzüberschreitende Zusammenarbeit und die Verständigung auf gleichartige DNA-Untersuchungsmethoden ermöglichen einen solchen internationalen Abgleich.

Nachwort und Danksagung

Mit diesem Buch legen wir nach „Sex and Crime“ eine neue Folge unserer Buchreihe über besonders spannende Kapitel der Rechtsmedizin vor. Wir wollen dieses Fach, das so ungeheuer lebendig und faszinierend ist, in seinen vielen Facetten vorstellen – wiederum nach dem Motto: „Die Wahrheit ist der beste Krimi“. Denn die realen Fälle, die wir in unseren Berufen als Rechtsmediziner und als Gerichtsreporterin immer wieder erleben, sind oft bizarrer, spannender, erschütternder und anrührender, als eine ausgedachte Geschichte es sein könnte. Sie gehen unter die Haut, auch uns als Autoren.

Vermisst, verschollen, verschwunden, möglicherweise beziehungsweise wahrscheinlich auch tot (?) – die Fälle zu diesem Thema sind vielschichtig, berührend und in den Bann ziehend. Manchmal gehen sie positiv aus, doch zuweilen enden sie brutal, niederschmetternd. Die Feder sträubt sich, den wahren Sachverhalt niederzuschreiben.

Vermisstenangelegenheiten nehmen in der tagesaktuellen Berichterstattung der Medien eine herausgehobene Position ein. In diversen Real-Life-Dokumentationen werden die Fälle im Fernsehen mit großem Erfolg dargestellt, und wann immer möglich werden auch Zusammenführungen und ein Wiedersehen präsentiert.

Bei der Polizei müssen verständlicherweise strenge Kriterien erfüllt sein, bevor es zu einer Öffentlichkeitsfahndung kommt. Betroffene und selbsternannte Unterstützer können anders vorgehen, was zum Teil zu sagenumwobenen Geschichten führt, die mitunter eine große mediale Verbreitung finden.

In unseren früheren Büchern haben wir bereits spektakuläre Fälle geschildert, die auch eine Vermisstenproblematik beinhalten, zum Beispiel:

- „Das Martyrium im Folterkeller" (aus „Tote schweigen nicht"): Die beiden weiblichen Opfer des Säurefassmörders waren zunächst im Bunker ihres Entführers gefangen und wurden sexuell missbraucht, bis er sie tötete und vergrub. Erst nach vier beziehungsweise sechs Jahren wurden diese Vermisstensachen durch eine findige Polizeibeamtin aufgeklärt.
- „Im Keller und am Ende der Welt" (aus „Tote lügen nicht"): Jan Philipp Reemtsma musste im Jahre 1996 als Gefangener 33 Tage angekettet in einem Kellerverlies um sein Leben bangen, ehe er gegen ein hohes Lösegeld freikam. Einer seiner Entführer starb 2014 an der Steilküste der Algarve. Ein Jahr nach dessen Tod hat die Hamburger Rechtsmedizin bei einer Nachsektion in Portugal die Umstände dieses Todessturzes von einer Klippe aufklären können.
- „Der Hundert-Jahre-Irrtum" (ebenfalls aus „Tote lügen nicht"): Bei der Moorleiche Moora aus dem

Uchter Moor unterlief uns ein einzigartiger Irrtum. Statt eines seit dreißig Jahren vermissten jungen Mädchens, das wir vermeintlich gefunden hatten, entpuppte sich der Fund als eine fast 3000 Jahre alte „richtige“ Moorleiche.

- „Und plötzlich bleibt die Zeit stehen“ (aus „Der Tod gibt keine Ruhe“): Der Leichnam der vermissten Birgit Meier blieb achtundzwanzig Jahre lang unter der Garage ihres Mörders verscharrt und unentdeckt, bis ihr Bruder Wolfgang Sielaff mit einem erfahrenen Team von Experten aus Polizei, Justiz, Psychologie und Rechtsmedizin den Mord an seiner Schwester schließlich aufklären konnte. (Siehe dazu auch S. 159 ff.)
- „Im Abseits“ (ebenfalls aus „Der Tod gibt keine Ruhe“): Der Serienmörder Fritz Honka ermordete vier Prostituierte im Hamburger Rotlichtmilieu und versteckte die Leichen jahrelang in Abseiten und auf dem Dachboden seiner Wohnung. Diese bedauernswerten Frauen wurden nie von irgendjemandem vermisst. Im Leben der anderen hat es sie überhaupt nicht mehr gegeben.

In Vermisstensachen macht man als Reporterin oder auch als rechtsmedizinischer Experte immer wieder bedrückende Erfahrungen, wenn man mit den verunsicherten, zweifelnden, grübelnden und psychisch stark verstörten Angehörigen spricht. Wir haben die Qualen dieser Menschen, die gewissermaßen ein Opfer der anderen Art sind, immer wieder hautnah gespürt. Ihre Passion und ihre Mission bestehen vor allem darin, zu suchen und zu warten, manchmal sehr lange, manchmal bis zum eigenen Ende. Die Zahl dieser mittelbaren Opfer ist natürlich viel größer als die Zahl der Vermissten selbst.

Zur Suche nach vermissten Personen gehört untrennbar die Klärung der Identität von unbekannten Personen, von Leichen oder Leichenteilen. Dafür stehen eine ganze Reihe von Spezialuntersuchungen zur Verfügung (von Fingerabdrücken über Biometrie, von der Identifikation durch Zahnstatus/Gebissbefund bis hin zu DNA-Untersuchungen). In Einzelfällen können noch viele weitere besondere Methoden eingesetzt werden. – Und noch einmal sei an dieser Stelle der Hinweis gegeben: Wenn es in Deutschland, in Europa oder auch weltweit eine umfassende Datenbank über die DNA-Konstellation jedes Menschen gäbe, könnte man jede Person beziehungsweise jeden Leichnam sofort identifizieren. Man müsste dafür jedem Bürger eines Landes, vom Baby bis zum Greis, und ebenso jeder einreisenden Person eine DNA-Probe entnehmen und den Code zentral an einer sicheren Stelle speichern. So könnte man die DNA kleinster Gewebeproben und Spuren für eine eindeutige Identifizierung nutzen. Ein Verfahren, welches schnell, hochempfindlich, sicher und im Hinblick auf die statistische Zuordnung mit an Sicherheit grenzender Wahrscheinlichkeit eine DNA-Probe einem Menschen zuordnen kann.

In den Fallgeschichten haben wir die Namen der Vermissten und ihrer Angehörigen überwiegend geändert, ebenso die Namen der meisten Täter, soweit es sich um Mordfälle handelt. Allein in den Fällen, die lange zurückliegen und Personen des öffentlichen Lebens beziehungsweise der Zeitgeschichte betreffen, haben wir auf eine Änderung der Namen verzichtet. In anderen Fällen nennen wir die wahren Namen der vermissten Personen und ihrer nächsten Angehörigen ganz bewusst. Wir verbinden hiermit die Hoffnung, dass diese Personen eventuell noch aufgefunden werden oder dass man von ihnen zumindest Spuren findet. Unser Buch könnte dann einen Beitrag zur Aufarbeitung eines Cold Case leisten. In einem Fall haben wir in einer Art Steckbrief auch die Telefonnummer der zuständigen Kriminalpolizei angegeben. Vielleicht kann eine Leserin, ein Leser zur Aufklärung des Schicksals der vermissten Frauen beitragen.

Wir danken allen Kriminalbeamtinnen und Kriminalbeamten, die die geschilderten Fälle bearbeitet und aufgeklärt haben. Für Vermisstensachen sind zunächst die örtlichen Polizeidienststellen (Polizeiwachen) zuständig. Später werden dann Spezialisten aus zentralen Dienststellen der Kriminalpolizei hinzugezogen. Danke auch an alle Staatsanwälte, die als Ermittler und Ankläger die Täter vor Gericht gebracht haben. Und danke an alle Richter, aus deren mündlichen Urteilsbegründungen wir zitiert haben.

Den Betroffenen und den Angehörigen gehören unser Mitgefühl und unser Respekt. Dies gilt auch für einige Fachkollegen, die an der Sachbearbeitung mitgewirkt haben.

Unser besonderer Dank gilt den Verlegern, Marita Ellert-Richter und Gerhard Richter, sowie unserem Lektor Werner Irro. Wir sind ein gut eingespieltes Team; die Zusammenarbeit ist bei der einerseits faszinierenden, andererseits durchaus belastenden und schwierigen Thematik inspirierend. Ebenfalls möchten wir uns bei den Kollegen vom „Hamburger Abendblatt" für ihre Unterstützung bedanken.

Klaus Püschel / Bettina Mittelacher
Sex and Crime
Die Wahrheit ist der beste Krimi
184 Seiten
978-3-8319-0756-4

Ein Mann tötet drei Frauen und bezeichnet sich als Lustmörder. Ein Mediziner überfällt, betäubt und missbraucht mehrere Opfer in deren Wohnungen. Eine Frau bringt ihren Schwiegervater um und zerstückelt seinen Leichnam. Diese und mehrere andere spektakuläre Verbrechen in diesem True-Crime-Buch zeigen: Sex ist das wohl stärkste Motiv und die drängendste Triebfeder für schwerste Verbrechen.

Wie gehen die Täter vor?
Wann werden sie zum Mörder?
Was unternehmen sie, um Spuren zu verwischen?

Und treiben ihre Fantasien sie zu immer neuen Verbrechen? Das Leben schreibt die bizarrsten Geschichten von Tod und Gewalt, sagen der Rechtsmediziner Klaus Püschel und die Gerichtsreporterin Bettina Mittelacher. „Die Wahrheit ist der beste Krimi" nennt das Erfolgs-Autorenduo in Sachen „True Crime" deshalb auch seine neue Buchreihe, die nach der Trilogie „Tote schweigen nicht", „Tote lügen nicht" und „Der Tod gibt keine Ruhe" neue spannende Einblicke in schier unglaubliche Fälle gibt. Unglaublich – aber wahr.

Bibliografische Information der Deutschen Nationalbibliothek
Die Deutsche Nationalbibliothek verzeichnet diese Publikation in der Deutschen Nationalbibliografie; detaillierte bibliografische Daten sind im Internet über http://dnb.d-nb.de abrufbar.

ISBN 978-3-8319-0770-0

© Ellert & Richter Verlag GmbH, Hamburg 2020
2. Auflage 2025

Borselstr. 16 C
22765 Hamburg
info@ellert-richter.de

Dieses Werk einschließlich aller seiner Teile ist urheberrechtlich geschützt. Jede Verwertung außerhalb der engen Grenzen des Urheberrechtsgesetzes ist ohne Zustimmung des Verlages unzulässig und strafbar. Dies gilt insbesondere für Vervielfältigungen, Übersetzungen, Mikroverfilmungen und die Einspeicherung und Verarbeitung in elektronischen Systemen.

Text: Prof. Dr. Klaus Püschel, Bettina Mittelacher, Hamburg
Coverfoto: ©GOLFX - stock.adobe.com
Lektorat: Dr. Werner Irro, Hamburg
Gestaltung: BrücknerAping, Büro für Gestaltung, Bremen
Gesamtherstellung: CPI books GmbH, Leck

www.ellert-richter.de
www.facebook.com/EllertRichterVerlag
www.instagram.com/ellert_richter_verlag